"MORRI"
PARA
RENASCER

Anita Moorjani

"MORRI"
PARA
RENASCER

Minha jornada através do câncer,
uma experiência de quase morte e a
descoberta da verdadeira cura

Tradução
CLAUDIA GERPE DUARTE
EDUARDO GERPE DUARTE

Editora
Pensamento
SÃO PAULO

Título do original: *Dying to Be Me*.

Copyright © 2012 Anita Moorjani.
Publicado originalmente em 2012 por Hay House Inc., USA.
Copyright da edição brasileira © 2014 Editora Pensamento-Cultrix Ltda.

Texto de acordo com as novas regras ortográficas da língua portuguesa.

1ª edição 2014.

Todos os direitos reservados. Nenhuma parte desta obra pode ser reproduzida ou usada de qualquer forma ou por qualquer meio, eletrônico ou mecânico, inclusive fotocópias, gravações ou sistema de armazenamento em banco de dados, sem permissão por escrito, exceto nos casos de trechos curtos citados em resenhas críticas ou artigos de revistas.

A Editora Pensamento não se responsabiliza por eventuais mudanças ocorridas nos endereços convencionais ou eletrônicos citados neste livro.

Design da capa: Christy Salinas

Editor: Adilson Silva Ramachandra
Editora de texto: Denise de C. Rocha Delela
Coordenação editorial: Roseli de S. Ferraz
Preparação de originais: Olga Sérvulo
Produção editorial: Indiara Faria Kayo
Editoração Eletrônica: Join Bureau
Revisão: Nilza Agua e Yociko Oikawa

Obs.: A autora deste livro não dispensa o conselho médico, seja ele direto ou indireto, ou prescreve o uso de qualquer técnica como uma forma de tratamento para problemas físicos, emocionais ou médicos. A intenção da autora é apenas oferecer informações de carácter geral para ajudá-lo na sua busca de bem-estar emocional e espiritual. Tanto a editora quanto a autora não se responsabilizam caso o leitor decida utilizar as informações contidas neste livro sem consultar um profissional de saúde adequado.

Dados Internacionais de Catalogação na Publicação (CIP)
(Câmara Brasileira do Livro, SP, Brasil)

Moorjani, Anita
   "Morri para renascer" – minha jornada através do câncer uma experiência de quase morte e a descoberta da verdadeira cura / Anita Moorjani ; tradução Claudia Gerpe Duarte, Eduardo Gerpe Duarte. – 1. ed. – São Paulo : Pensamento, 2014.

   Título original : Dying to be me : my journey from cancer, to near death, to true healing.
   ISBN 978-85-315-1874-4

   1. Câncer – Aspectos psicológicos 2. Câncer – Pacientes – Biografia 3. Moorjani, Anita, 1959- – Saúde 4. Biografia espiritual I. Título.

14-06398   CDD-616.9940092

Índices para catálogo sistemático:
1. Câncer : Pacientes : Cura : Biografia   616.9940092

Direitos de tradução para o Brasil adquiridos com exclusividade pela
EDITORA PENSAMENTO-CULTRIX LTDA., que se reserva a
propriedade literária desta tradução.
Rua Dr. Mário Vicente, 368 – 04270-000 – São Paulo, SP
Fone: (11) 2066-9000 – Fax: (11) 2066-9008
http://www.editorapensamento.com.br
E-mail: atendimento@editorapensamento.com.br
Foi feito o depósito legal.

Para o Danny, meu verdadeiro amor: eu sempre soube que o nosso amor se estende além do tempo e do espaço. Não fosse por você, eu não estaria aqui hoje, nesta vida física.

Para a minha querida mãe e o meu maravilhoso irmão, Anoop: obrigada por estarem ao meu lado na minha vida, porém em especial durante a minha doença, e por terem cuidado de mim quando mais precisei de vocês. Gostaria que todos tivessem uma família que se preocupasse com eles como vocês se preocupam comigo.

Em memória do meu querido pai, cujo maior sonho era ver o meu casamento, mas que deixou esta esfera antes do grande dia: obrigada por ter me dado a oportunidade de vivenciar a sua presença infinita e amor incondicional na outra esfera, e por me assegurar que você está aqui, lá e em toda parte.

Acredito que as maiores verdades do universo não estão do lado de fora, no estudo das estrelas e dos planetas. Elas residem profundamente dentro de nós, na magnificência do nosso coração, da nossa mente e da nossa alma. Enquanto não compreendermos o que está do lado de dentro, não poderemos entender o que está do lado de fora.

Compartilho aqui a minha história, na esperança de tocar de alguma maneira o seu coração e lembrá-lo da sua própria magnificência interior.

Sumário

Prefácio *do Dr. Wayne W. Dyer* 9

Introdução 13

PARTE I: Em busca do caminho certo 17

    Prólogo: O dia em que eu "morri" 19

    Capítulo 1: Crescendo diferente 23

    Capítulo 2: Muitas religiões, muitos caminhos 31

    Capítulo 3: Passos casamenteiros equivocados 37

    Capítulo 4: Meu verdadeiro amor 45

    Capítulo 5: Diagnóstico de medo 55

    Capítulo 6: Em busca da salvação 63

PARTE II: Minha Jornada para a morte... e o retorno 71

Capítulo 7: Deixando o mundo para trás 73

Capítulo 8: Algo infinito e completamente fantástico............... 85

Capítulo 9: Realizando o milagre 91

Capítulo 10: A prova da cura 99

Capítulo 11: "Era para a senhora estar morta!" 107

Capítulo 12: Vendo a vida com novos olhos 117

Capítulo 13: Encontrando meu caminho 123

Capítulo 14: A cura é apenas o começo.............................. 131

PARTE III: O que eu vim a compreender 141

Capítulo 15: Por que eu fiquei doente... e curada 143

Capítulo 16: Os eus infinitos e a energia universal 153

Capítulo 17: Deixando acontecer e sendo você mesmo 165

Capítulo 18: Perguntas e respostas 175

Epílogo... 195

Agradecimentos 197

Prefácio

Fui profundamente tocado pelo conteúdo deste livro e, mais ainda, por meu relacionamento pessoal com Anita Moorjani, que entrou na minha vida devido a uma série de coincidências divinamente orquestradas. Durante mais de quatro anos, um câncer progressivo levou a Anita para a beira da morte e além – para dentro da própria casa da morte, bem além do portal e do saguão de entrada, por assim dizer. Anita descreveu tudo, em grande detalhe, neste livro introspectivo. Eu o encorajo a lê-lo com muito cuidado e refletidamente, com a mente aberta a ver desafiadas muitas de suas estimadas convicções, especialmente a respeito do que se encontra além deste mundo, no que é frequentemente chamado de *vida futura*.

Cercada por entes queridos e uma equipe médica que antevia o seu último suspiro a qualquer momento, a Anita jazia em coma profundo. No entanto, ela recebeu a oportunidade de retornar ao seu corpo devastado pelo câncer, desafiando todas as probabilidades, e vivenciar uma cura inacreditável – através do veículo do amor incondicional. Mais do que isso, também lhe foi permitido voltar da câmara da morte e relatar para todos nós como se apresenta a vida do outro lado deste mundo corpóreo – e o que é ainda mais importante, o que essa vida nos faz sentir.

Esta é uma história de amor – uma grande história de amor incondicional, que irá lhe conferir um sentimento renovado de quem você realmente é, de por que você está aqui e de como pode transcender qualquer medo e autorrejeição que defina a sua vida. Anita fala com uma franqueza incomum a respeito do seu câncer, explicando por que acredita que precisou seguir esse perigoso caminho em sua vida, por que motivo foi curada e por que voltou. E, sem dúvida, a missão da vida dela está fortemente refletida no fato de você estar prestes a ler o relato dela sobre essa experiência – e de eu estar imensamente envolvido em ajudar a transmitir essa mensagem crucial para o mundo.

O que a Anita descobriu durante o período de 24 horas que passou em coma, quando atravessou o portal e foi para a *outra esfera*, está extraordinariamente em sintonia com tudo o que tenho recebido nos momentos de inspiração em que escrevo e dou palestras. Está claro para nós dois que a intervenção divina assumiu o controle e movimentou as peças de tal maneira que essa mulher, que vive do outro lado do mundo, em uma cultura muito diferente da minha, foi conduzida a minha percepção e a minha vida física.

Ouvi falar na Anita pela primeira vez quando recebi uma cópia da entrevista sobre sua experiência de quase morte (EQM) de uma mulher chamada Mira Kelley, de Nova York, que posteriormente se tornou minha amiga e fez uma regressão de vidas passadas em mim (a qual está publicada em meu livro *Wishes Fulfilled*). Depois de ler o relatório da EQM da Anita, eu me senti irresistivelmente instigado a fazer o possível, dentro de meu limitado poder, para transmitir ao mundo sua irresistível mensagem. Telefonei para Reid Tracy, presidente da Hay House, recomendando com insistência que ele tentasse encontrar a Anita Moorjani e lhe pedisse para escrever um livro detalhando minuciosamente sua experiência. Acrescentei que eu teria muito prazer – minto, que eu me sentiria *honrado* – em escrever o prefácio do livro, se ela estivesse disposta a seguir adiante com a ideia. Por meio de uma série de maravilhosas sincronicidades – inclusive a da Anita telefonar de Hong Kong, para meu programa semanal no rádio, em **hayhouseradio.com**, e eu a entrevistar para que todo o planeta ouvisse – nós nos conectamos tanto no nível profissional quanto no pessoal.

Anita falou do sentimento de que somos todos puro amor. Não estamos apenas ligados a todas as outras pessoas e a Deus, mas, em um nível mais profundo, todos somos Deus. Permitimos que nosso medo e nosso ego expulsasse Deus da nossa vida, o que tem muito a ver com todas as doenças, não apenas em nosso corpo, como também em nosso mundo. Ela falou a respeito de aprender a valorizar a nossa magnificência e viver como seres de luz e amor, e das propriedades curativas inerentes a essa mentalidade.

Anita descreveu ter vivenciado, verdadeiramente, a ausência do tempo e do espaço, e sentido, pela primeira vez, o assombro de saber que a unicidade não é um conceito intelectual, e sim que tudo está efetivamente acontecendo ao mesmo tempo. Ela contou que se viu banhada em uma aura de amor puro e jubiloso, e que esse sentimento tem um potencial ilimitado para a cura. Ela aprendeu, em primeira mão, o verdadeiro significado das palavras de Jesus. Que "com Deus tudo é possível" – e isso não deixa nada de fora, inclusive o passado. Anita descobriu, pessoalmente, o que eu descrevera tão extensamente em *Wishes Fulfilled*: que, na verdadeira presença do Deus-realizado, as leis do mundo material (inclusive as da medicina) não se aplicam.

Eu tinha que conhecer essa mulher. A partir de nossas conversas por telefone, comecei a sentir diretamente a essência espiritual da Anita e sua mensagem de esperança como um substituto para o medo. Eu não apenas a convidei para escrever este livro, mas também a aparecer comigo no canal de televisão PBS e contar para o mundo inteiro sua história de amor, esperança e cura.

Enviei a entrevista da EQM para minha mãe, que tem 95 anos e mora em um centro de vida assistida. Minha mãe vê a morte com bastante frequência, já que muitos de seus amigos de idade avançada simplesmente morrem durante o sono e desaparecem para sempre de sua convivência. Tive muitas conversas com ela a respeito de seus pensamentos sobre o grande mistério chamado "morte", que é o destino de todas as coisas vivas. Tudo o que se materializa se *desmaterializa*. Sabemos disso intelectualmente, mas o que nos aguarda ainda é o grande mistério.

Depois de ler o relatório da EQM da Anita, minha mãe disse que uma onda de paz tomou conta dela e substituiu o medo, a ansiedade e o estresse a respeito da grande desconhecida, a morte. Na realidade, todas as pessoas que leram o relato sobre a experiência de quase morte da Anita, inclusive meus filhos, sentiram que tinham adquirido uma nova perspectiva da vida e me prometeram que sempre, acima de tudo o mais, amariam a si mesmos, valorizariam sua magnificência e eliminariam de seu dia a dia todos os pensamentos passíveis de produzir doenças. Enquanto eu estava escrevendo a respeito dessas ideias, a Anita esclarecera tudo no mundo da experiência.

Anita foi capaz de curar seu corpo e me disse, em muitas ocasiões, que sentia que voltara para ensinar essa lição simples, porém poderosa, que poderia não apenas nos curar, mas também transformar o nosso mundo. E sei que foi por esse motivo que Deus me aproximou de Anita.

Sempre senti que era o meu *dharma* mostrar para as pessoas sua própria divindade, para que elas saibam que o lugar mais elevado dentro de si mesmas é Deus. Nós não somos nosso corpo; não somos nem nossas realizações nem nossas posses – somos todos um, com a Fonte de toda existência, que é Deus. Enquanto eu estava escrevendo tudo isso em *Wishes Fulfilled*, Anita Moorjani entrou em minha vida como se para colocar um ponto de exclamação em tudo o que eu estava recebendo em minha escrita automática. Ela viveu tudo isso e o expressou de uma maneira muito bela – e agora você é abençoado por poder ler e aplicar tudo o que a Anita veio a conhecer em seu intenso surto de câncer progressivo, e em sua tranquila jornada de volta, por meio da experiência direta da cura divina.

Sinto-me honrado por desempenhar um pequeno papel no processo de levar essa mensagem auspiciosa do amor como a cura suprema. Que você possa aceitar as palavras da Anita e se tornar um instrumento para remover toda e qualquer doença de seu corpo, de seus relacionamentos, de seu país e do nosso mundo. Como Elizabeth Barrett Browning poeticamente observou certa vez: "A Terra está repleta de céu, e qualquer simples arbusto está inflamado por Deus". Na realidade, a cura e o céu na Terra são seus para o amor.

Desfrute o maravilhoso, o maravilhoso livro da Anita. Eu amo o livro e amo a Anita.

— DR. WAYNE W. DYER
Mauí, Havaí

Introdução

Meu principal propósito ao compartilhar minha história é que outros não precisem passar pelo que eu passei.

Não é meu estilo ensinar abertamente às pessoas ou dizer a elas como viver a vida, e tampouco gosto de aconselhar as pessoas a respeito de mudanças que precisem fazer, mesmo quando me pedem. Prefiro guiar pelo exemplo, e criar um ambiente seguro para que os outros entrem em contato com sua própria verdade.

Tenho pensado com frequência a respeito disso, desde os eventos do inverno e da primavera de 2006, quando tive uma experiência de quase morte (EQM) e também fiquei curada do câncer do qual eu vinha sofrendo nos últimos quatro anos. Durante minha EQM, fui capaz de ver e perceber certos aspectos da minha vida futura, e compreendi que uma das razões pelas quais escolhi voltar para a vida terrena foi o fato de que minha experiência e mensagem iriam tocar a vida de outras pessoas.

Naquele estado, eu soube, de alguma maneira, que estava destinada a inspirar milhares, talvez dezenas de milhares de pessoas. Mas a maneira como eu estava destinada a fazer isso não era clara; eu apenas sabia que, de alguma forma, estaria ajudando muitas pessoas. Senti, especificamente, que não precisava fazer nada para que isso acontecesse; tinha apenas que ser eu mesma e aproveitar a vida, permitindo-me ser um instrumento para que algo muito maior acontecesse.

E foi o que aconteceu, já que passei a falar e escrever a respeito de minhas experiências em resposta a perguntas vindas da área da medicina e da ciência, bem como de pessoas em busca de respostas sobre a natureza do mundo e de suas experiências. Foi assim, também, que este livro veio a existir (os detalhes a respeito disso são descritos no Capítulo 14). Explico livremente o que aprendi em decorrência do câncer e da minha EQM. Gosto de compartilhar minha experiência, bem como o entendimento da vida que extraí dela, especialmente quando sinto que outras pessoas podem ser beneficiadas.

Minha história começa na Parte I, com a maneira como cresci na interseção de múltiplas culturas que alimentavam crenças distintas e, não raro, contraditórias. Explicarei como isso me moldou e fomentou o medo que veio a se manifestar na doença, levando você comigo em minha jornada para a idade adulta e meu declínio em direção à prisão do câncer.

A Parte II explora a EQM propriamente dita – o que vivenciei e compreendi na ocasião – e o que aconteceu em seguida. Ficar curada do câncer e me esforçar para encontrar meu novo lugar no mundo tem sido uma jornada surpreendente, desafiante e arrebatadora!

Na Parte III, descrevo o que hoje entendo a respeito da cura, da maneira como o mundo se encontra hoje e de como podemos viver como um reflexo de quem realmente somos, deixando transparecer nossa magnificência. Em seguida, encerro com uma seção de perguntas e respostas que contém algumas das preocupações mais comuns e mais desafiantes que costumo ouvir.

Mas, antes de compartilhar com você o que aprendi com minha experiência, gostaria de esclarecer que não estou afirmando conhecer quaisquer verdades universais ou científicas, ou ser o guru espiritual de ninguém. Tampouco estou tentando iniciar outra religião ou sistema de crenças. O meu único objetivo é *ajudar*, não *convencer*.

Desejo especialmente enfatizar que você *não* precisa ter uma EQM para ficar curado! Minha intenção é dividir com você todos os gatilhos emocionais e psicológicos que acredito tenham contribuído para eu contrair o câncer, na esperança de que, ao identificar esses fatores, você possa reduzir ou, possivelmente, até mesmo eliminar suas chances de ficar doente. Ao mesmo tempo, se você, ou alguém que você conhece, tiver câncer ou alguma outra doença grave, saiba que existem muitos caminhos para a cura. Eu sugeriria apenas que seguisse o que parece ser certo para você e ressoa pessoalmente com você.

Se você está em busca de instruções passo a passo ou de um conjunto de princípios que possa seguir, eu não sou a pessoa indicada para isso, porque não acredito em criar nenhum dogma genérico. Isso apenas limitaria a pessoa que você é. Mesmo quando falo a respeito de amar a mim mesma, minha intenção não é atrair atenção para mim, e sim que você experimente dentro de si esse mesmo sentimento. Ao compartilhar minha experiência e minhas constatações, meu único propósito é inflamar a chama da magnificência que reside dentro de você. Meu desejo é despertar o guru adormecido em seu interior, que o conduz ao seu lugar no centro do Universo. Espero que você encontre alegria em cada dia de sua jornada e venha a viver a vida com a mesma intensidade com que eu a vivo hoje em dia!

PARTE

I

Em busca do caminho certo

PRÓLOGO

O dia em que eu "morri"

"Oh, meu Deus, eu me sinto incrível! Estou tão livre e leve! Como é possível que eu não esteja sentindo mais nenhuma dor em meu corpo? Para onde ela foi? Ei, por que tenho a impressão de que meu ambiente está se afastando de mim? Mas não estou com medo! Por que não estou com medo? Para onde foi o meu medo? Oh, uau, não consigo mais encontrar o medo!"

Esses eram alguns dos pensamentos que passavam pela minha cabeça enquanto eu era levada às pressas para o hospital. O mundo à minha volta começou a parecer surreal, como se fosse um sonho, e eu conseguia sentir que estava me afastando cada vez mais da consciência e entrando em coma. Meus órgãos estavam começando a parar de funcionar à medida que eu sucumbia ao câncer que havia devastado – não, devorado – meu corpo nos últimos quatro anos.

Era 2 de fevereiro de 2006, um dia que ficará gravado para sempre na minha memória como o dia em que eu "morri".

Apesar de estar em coma, eu estava intensamente consciente de tudo o que acontecia à minha volta, inclusive do sentimento de urgência e exaltação emocional da minha família, enquanto eu era levada às pressas para o hospital. Quando chegamos, no momento em que a oncologista me viu, a expressão no rosto dela era de choque.

– O coração da sua mulher pode ainda estar batendo – disse ela ao meu marido, Danny –, mas ela não está realmente presente. É tarde demais para salvá-la.

"A respeito de quem a médica está falando?" – perguntei aos meus botões. "Nunca me senti melhor na minha vida! E por que a mamãe e o Danny parecem tão assustados e preocupados? Mamãe, por favor, não chore. O que está errado? Você está chorando por minha causa? Não chore! Estou bem, mesmo, querida Mama, estou bem!"

Pensei que estivesse falando essas palavras em voz alta, mas não emiti nenhum som. Eu estava sem voz.

Queria abraçar minha mãe, consolá-la e dizer a ela que eu estava bem, e não conseguia compreender por que não conseguia fazer isso. Por que meu corpo físico não estava cooperando? Por que eu estava simplesmente deitada ali, inerte e sem vida, quando tudo o que queria fazer era abraçar meu amado marido e minha querida mãe, assegurando-lhes que eu estava bem e que não estava mais sentindo dor?

"Veja, Danny, eu consigo me movimentar sem a cadeira de rodas. É uma sensação tão incrível! E não estou mais ligada ao oxigênio. Oh, uau, já não respiro com dificuldade, e as lesões da minha pele desapareceram! Elas não estão mais exsudando e não doem mais. Depois de quatro anos de agonia, finalmente estou curada!"

Eu estava em um estado de puro júbilo e alegria. Finalmente, estava livre da dor causada pelo câncer que havia devastado meu corpo. Eu queria que eles se sentissem felizes por mim. Por que eles não estavam felizes, já que minha luta finalmente tinha acabado, já que a luta *deles* finalmente tinha acabado? Por que não estavam compartilhando do meu regozijo? Eles não conseguiam perceber a alegria que eu estava sentindo?

– Por favor, tem que haver alguma coisa que você possa fazer – o Danny e minha mãe imploraram à médica.

– É apenas uma questão de horas para ela – afirmou a oncologista. – Por que seus outros médicos não a mandaram para nós mais cedo? Os órgãos dela já estão parando de funcionar, e é por isso que ela entrou em coma. Ela não vai passar desta noite. Vocês estão pedindo o impossível. Qualquer coisa que eu ministre neste estágio poderia se revelar tóxica e fatal para o corpo, já que os órgãos não estão funcionando!

– Bem, pode ser – insistiu o Danny –, mas não vou desistir dela!

Meu marido apertou com força minha mão inerte enquanto eu ficava deitada ali, e eu estava consciente da combinação de angústia e desamparo na voz dele. Mais do que tudo, eu queria aliviá-lo de seu sofrimento.

Queria que ele soubesse como eu estava me sentindo magnífica, mas me senti impotente ao tentar transmitir isso para ele.

"Não escute a médica, Danny; por favor, não dê atenção ao que ela está dizendo! Por que ela está dizendo isso? Eu ainda estou aqui, e estou ótima. Na verdade, melhor do que ótima; eu me sinto magnífica!"

Eu não conseguia entender por que, mas estava vivenciando tudo o que todo mundo estava passando – tanto os membros da minha família quanto a médica. Eu conseguia, efetivamente, sentir o medo, a ansiedade, o desamparo e o desespero deles. Era como se as emoções deles fossem minhas. Era como se eu tivesse me tornado eles.

"Estou sentindo sua dor, querido; consigo sentir todas as suas emoções. Por favor, não chore por mim, e diga à mamãe para também não chorar por mim. Por favor, diga a ela!"

Mas, assim que comecei a ficar emocionalmente envolvida com o drama que estava ocorrendo à minha volta, também senti, simultaneamente, que estava sendo afastada dali, como se uma realidade mais ampla, um plano mais grandioso estivesse se expandindo. Pude sentir meu apego à cena retrocedendo à medida que eu começava a compreender que tudo era perfeito e estava acontecendo de acordo com o plano em uma tapeçaria mais vasta.

Foi então que a compreensão de que eu estava, efetivamente, morrendo se estabeleceu.

"Oh... Estou morrendo! Esta é a sensação? Não é nada parecido com o que eu imaginava. Eu me sinto maravilhosamente em paz e tranquila... e me sinto, finalmente, curada!"

Compreendi então que, mesmo que meu corpo físico parasse, tudo continuava a ser perfeito na tapeçaria mais ampla da vida, porque nunca verdadeiramente morremos.

Eu ainda estava intensamente consciente de todos os detalhes que se desenrolavam diante de mim, enquanto observava a equipe médica transportando meu corpo quase sem vida para a unidade de terapia intensiva. Eles estavam em um frenesi emocional ao redor de mim, conectando-me a aparelhos, enquanto me cutucavam e espetavam com agulhas e tubos.

Não senti nenhum apego ao meu corpo aparentemente sem vida, que estava deitado na cama do hospital. Não tinha a impressão de que ele fosse meu. Ele parecia pequeno e insignificante para ter abrigado o que eu estava vivenciando. Eu estava me sentindo livre, liberada e magnífica! Toda dor, incômodo, tristeza e pesar tinham desaparecido. Eu me sentia completamente desimpedida. Não conseguia me lembrar de alguma vez ter me sentido dessa maneira – nunca.

Tive então a sensação de estar sendo envolvida por algo que só posso descrever como um amor puro, incondicional, mas até mesmo a palavra *amor* não lhe faz justiça. Era o tipo mais profundo de cuidado, e eu nunca havia vivenciado isso antes. Era além de qualquer forma física de afeição que possamos imaginar, e era *incondicional* – isso era *meu*, independentemente do que eu jamais tivesse feito. Eu não precisava fazer nada ou me comportar de uma determinada maneira para merecê-lo. Esse amor era para mim, não importando o que acontecesse!

Eu me senti completamente banhada e renovada nessa energia, e ela me fazia sentir como se ali *fosse o meu lugar*, como se eu, finalmente, tivesse chegado ao meu destino, depois de todos aqueles anos de luta, dor, medo e ansiedade.

Eu, finalmente, havia chegado em casa.

CAPÍTULO 1

Crescendo diferente

A Índia é um país maravilhoso, mas eu não estava destinada a viver lá. Embora meus pais sejam etnicamente indianos, originários de Hyderabad Sindh, nasci no belo país de Cingapura.

Meu avô paterno era um comerciante de tecidos que tinha um negócio de família no Sri Lanka, e ele importava e exportava tecidos europeus, indianos e chineses no mundo inteiro. Devido à natureza da nossa empresa, meu pai precisou viajar muito antes de, finalmente, se estabelecer no que era a colônia britânica de Hong Kong, quando eu tinha apenas 2 anos de idade.

Minhas origens me mergulharam, simultaneamente, em três diferentes culturas e idiomas. Hong Kong, uma metrópole vibrante e agitada, é uma cidade predominantemente povoada por chineses, de modo que aprendi a falar cantonês com as pessoas do local. Meus pais mandaram meu irmão, Anoop, e eu para escolas britânicas, nas quais as aulas eram em inglês, e quase todos os meus colegas eram expatriados britânicos. Em casa, contudo, minha família falava a nossa língua nativa *sindhi* e praticava o estilo de vida hindu.

Meu pai era um homem alto e bonito, que exigia respeito de sua família. Embora eu soubesse que ele nos amava, seu modo de ser era rígido, e ele esperava que obedecêssemos suas regras. Eu tinha medo dele e, quando criança, me esforçava para nunca deixá-lo irritado. Em contrapartida, minha mãe era sempre amável com meu irmão e comigo, e eu nunca tinha medo de revelar meus sentimentos para ela.

Eu adorava o Anoop irrestritamente, e sempre fomos muito próximos a vida inteira, embora ele seja cinco anos mais velho do que eu. Para uma criança, essa é uma diferença de idade substancial, de modo que raramente brincávamos juntos, e tampouco brigávamos. Em vez disso, eu o admirava, e ele me protegia muito. Eu me sentia muito segura quando ele estava por perto, e sabia que poderia falar com ele a respeito de qualquer coisa. Ele sempre foi uma influência masculina mais forte em minha vida do que meu pai.

Sendo hindus tradicionais, o casamento dos meus pais tinha sido arranjado, e eles esperavam um dia organizar uniões adequadas para o Anoop e para mim, quando tivéssemos idade suficiente para nos casarmos. Além disso, tradicionalmente, seria exigido da mulher ser subserviente ao marido e aos homens da unidade familiar.

Essa desigualdade de gênero é predominante em minha cultura. No entanto, quando eu era criança, não questionava esses valores e aceitava como natural que essa fosse a maneira como as coisas deveriam ser. Minha primeira experiência desagradável com essa disparidade aconteceu quando eu tinha apenas 6 anos de idade e entreouvi uma conversa de uma mulher com a minha mãe.

– Você ficou desapontada com o fato de seu segundo filho ser uma menina? – perguntou a mulher em nosso dialeto indiano.

Senti a ansiedade aumentar dentro de mim enquanto esperava a resposta.

– Não, claro que não. Eu amo minha filha! – retrucou minha mãe, para meu grande alívio.

– Mas as meninas são um problema, especialmente quando crescem – disse a mulher. – No caso das meninas, temos que garantir que não fiquem mimadas, caso contrário não conseguirão um bom marido. E o dote necessário para conseguir casar uma filha está maior a cada ano!

– É impossível prever o futuro. Cada criança, seja menina ou menino, traz consigo a sua própria sorte – lembro-me de minha mãe ter replicado sabiamente.

– Bem, estou feliz por ter dois filhos homens! – declarou, orgulhosa, a mulher. Até mesmo minha jovem mente foi capaz de detectar o sentimento de realização que ela expressou quando fez aquela declaração.

Mais tarde, quando minha mãe e eu estávamos sozinhas, perguntei:

– Mama, é verdade que as meninas são um problema?

– Não, claro que não, minha querida *Beta*. – (*Beta* é um termo carinhoso tanto para "meu filho" como para "minha filha" em nosso dialeto.)

Minha mãe me puxou para perto dela e me abraçou, e eu me lembro de ter pensado, naquele momento, "não quero ser um problema para meus pais apenas porque sou uma menina. Não quero que eles jamais desejem que eu tivesse nascido menino".

Nossa primeira casa em Hong Kong foi um apartamento em um prédio de nove andares, em Happy Valley, que dava para o hipódromo. Eu costumava passar horas olhando pela janela os jóqueis vestidos com trajes de seda colorida, treinando os cavalos para as corridas do fim de semana.

A linha do bonde corria ao longo da rua principal em que ficava nosso prédio, e os bondes barulhentos interrompiam meus devaneios quando passavam nos trilhos, enquanto eu olhava pela janela do 7º andar.

Quase todas as manhãs, eu me levantava da cama sentindo a rica fragrância familiar do incenso com aroma de sândalo e rosas. Sempre adorei o aroma, pois ele me dava uma sensação de paz e serenidade. Geralmente, encontrava minha mãe, vestida com um de seus multicoloridos *salwaar kameez* (vestido indiano tradicional), confeccionados principalmente com finas sedas indianas ou *chiffon* francês, prestes a entrar no santuário da nossa casa.

Todas as manhãs, meus pais meditavam, oravam e entoavam mantras em nosso santuário, diante das divindades Krishna, Lakshmi, Shiva, Hanuman e Ganesha. Eles faziam isso para elevar sua consciência e ter força interior para enfrentar um novo dia. Meus pais seguiam as escrituras contidas nos Vedas hindus, bem como os ensinamentos do guru Nanak e seu livro sagrado, o *Guru Granth Sahib*.

Frequentemente eu me sentava diante do santuário e observava atentamente meus pais, enquanto eles acendiam o incenso e o agitavam em um movimento circular na frente das pequenas estátuas e imagens dos diversos deuses e deusas, entoando a *puja* (prece hindu), e eu os imitava.

Mais tarde, eu observava nossa babá chinesa, Ah Fong, executar as suas várias tarefas enquanto tagarelava comigo em cantonês. Seu pequeno corpo, vestido com o tradicional *samfoo* (traje chinês tradicional) branco e preto, fazia pequenos e rápidos movimentos, enquanto ela se deslocava rapidamente pela casa. Eu era muito apegada a Ah Fong. Ela estava conosco desde que eu tinha 2 anos, e não consigo me lembrar de uma época em que ela não tenha feito parte da nossa família.

Em um dia comum, eu só via meus pais no início da noite. Ah Fong me buscava na escola e, depois do almoço, ela frequentemente me levava com ela ao mercado, onde comprava alimentos frescos para nossa casa. Íamos de bonde, e eu adorava acompanhá-la nesses passeios.

Subíamos no bonde quando ele parava na rua, diante do meu prédio. Era uma grande aventura para mim. Eu olhava pela janela enquanto o bonde atravessava as apinhadas ruas estreitas de Hong Kong; passávamos por Happy Valley, Causeway Bay e Wan Chai; e depois descíamos do bonde no mercado, com Ah Fong segurando a minha mão com firmeza. Eu ficava encantada ao assimilar tudo o que via, e também os aromas e sons do ambiente. Meus pais nunca me levavam a lugares tão empolgantes! Eles só andavam de carro e faziam compras em lojas de departamentos, o que eu considerava maçante em comparação com esse caleidoscópio de cores e sensações.

Os mercados vendiam de tudo, desde alimentos frescos e produtos para o lar até quinquilharias e bugigangas. Os vendedores promoviam aos gritos seus artigos, e as barracas não estavam montadas em nenhuma ordem especial. Barracas de hortaliças estavam intercaladas com barracas que vendiam sapatos, flores, potes e panelas, brinquedos de plástico baratos, arranjos coloridos de frutas frescas, bijuterias, bolas e balões, peixe fresco, carne, meias soquetes e de náilon, guardanapos e toalhas de mesa e assim por diante, com os artigos de quase todas as barracas invadindo a rua. Eu ficava hipnotizada durante horas.

– Ah Fong, Ah Fong! Veja aquilo! O que aquele homem está fazendo com a cobra? – perguntei agitada em meu cantonês fluente.

– Esse é um vendedor de cobras. Ele vai amarrar a cobra, e aquela família vai levá-la para casa para fazer sopa com ela – explicou Ah Fong.

Continuei a observar de olhos arregalados, enquanto a cobra se retorcia nas mãos habilidosas de quem a segurava, lutando por sua liberdade – porém em vão. Senti compaixão pela pobre criatura quando ela foi destramente amarrada com tiras de bambu e colocada numa gaiola metálica.

Não obstante, eu simplesmente adorava ir aos mercados com Ah Fong. Essas saídas eram como um dia de festa para meu intenso sentimento de aventura!

Até mesmo depois de morar conosco durante muitos anos, Ah Fong ainda baixava os olhos e desviava o olhar sempre que minha mãe ou meu pai entravam no aposento em que ela se encontrasse. Por ser uma criança curiosa, eu a enchia de perguntas a respeito de tudo, inclusive do seu comportamento. Eu estava sempre tentando conciliar em minha cabeça as diferenças culturais entre Ah Fong e meus pais.

– Por que você faz isso? – quis saber o meu eu de 6 anos.

– Por que eu faço o quê? – replicou Ah Fong.

– Por que você olha para baixo quando meus pais chegam perto de você? – perguntei em cantonês.

– Para mostrar respeito – explicou Ah Fong.

– Como assim?

– Seus pais são meus patrões. Quero demonstrar que os respeito e compreendo que eles são meus superiores.

– Eles são seus superiores? – Fiquei estupefata com essa informação.

– São, porque eu trabalho para eles.

– *Eu* sou superior a você? – perguntei.

Ah Fong riu afavelmente, pois já estava acostumada com minha mente curiosa e persistente.

– Não, eu não trabalho para você. Estou aqui para cuidar de você.

– Oh, entendi – disse eu, enquanto me afastava para brincar com minha nova boneca.

Eu também adorava brincar com a filha de Ah Fong, Ah Moh Yee. Desde a época em que eu tinha mais ou menos 5 anos, Ah Moh Yee passou a ficar em nossa casa com a mãe nos fins de semana. Ela era apenas um ano mais velha do que eu, e, como eu falava cantonês fluentemente, nós nos tornamos amigas. Eu realmente gostava da companhia dela. Brincávamos juntas com os meus brinquedos, e também íamos juntas ao parque da vizinhança. Meus pais estavam muito felizes por eu ter dentro de casa uma companheira para brincar todos os fins de semana.

Como Ah Fong folgava aos domingos, ela levava Ah Moh Yee para almoçar fora e depois a deixava de novo na casa de seus pais, onde a menina morava durante a semana. (Embora eu nunca tivesse feito perguntas a respeito disso na época, rememorando, acho que Ah Fong era uma mãe solteira que criava Ah Moh Yee com a ajuda da família.) Ah Fong me levava com ela se eu não fosse sair com meus pais, e eu realmente adorava esses passeios.

Como de costume, íamos para todo lugar de bonde, parando primeiro para comer em uma barraca de comida chinesa. Esses lugares, chamados *dai pai dong* em cantonês, ficavam na rua, ao ar livre, de modo que nos sentávamos em pequenos bancos de madeira, comendo tigelas de macarrão quente e bolinhos de massa na sopa, enquanto os carros passavam. Depois da refeição, Ah Fong nos levava para a casa na qual Ah Moh

Yee morava com os avós, um apartamento escassamente mobiliado, no sótão de um prédio baixo, sem elevador, no estilo chinês. Eu percorria o interior escuro, de pedra, a minha mente curiosa desejosa de explorar cada canto dele, enquanto Ah Fong tomava chá com os pais. Eles bebiam chá em pequenas xícaras com desenhos esmaltados dos animais do zodíaco chinês, como dragões ou tigres, enquanto eu bebia suco ou chá adoçado em um copo de vidro.

Eu nunca me cansava de ir lá, e, quando a conversa me entediava, gostava de ir até as grandes janelas arqueadas e ficar olhando para a rua, onde os vendedores de frutos do mar secos punham vieiras frescas e peixe sobre esteiras de palha para secar na calçada, sob o sol forte da tarde.

DESSE MODO, MINHA INFÂNCIA FOI UMA MISTURA de Oriente e Ocidente. Como Hong Kong era uma colônia britânica habitada por chineses, o Natal e a Páscoa eram celebrados com o mesmo entusiasmo que os Festivais do Fantasma Faminto e da Lua do Meio do Outono.

Ah Fong e Ah Moh Yee me ensinaram as tradições e crenças chinesas, bem como o significado por trás dos festivais, e eu adorava o fato de Ah Moh Yee ficar conosco durante todos os seus festivais. Por exemplo, o Festival dos Fantasmas Famintos acontecia na 14ª noite do 7º mês do calendário lunar. Ao longo desse dia, as famílias rezavam pela dor de seus parentes falecidos e faziam oferendas para seus ancestrais mortos.

Anoop e eu observávamos enquanto Ah Fong e Ah Moh Yee, bem como Ah Chun, a cozinheira, faziam oferendas a seus parentes falecidos, queimando imagens, em papel, de produtos finos. Elas acendiam o fogo dentro de um grande vaso, na parte de trás da nossa casa, embaixo do vão da escada atrás da cozinha, e jogavam o papel no fogo. Eram imagens de carros, casas e até mesmo dinheiro falso. Elas anteviam que os seus ancestrais estavam recebendo esses luxos na outra esfera.

– Ah Fong, o seu avô realmente recebe uma casa no céu se você queimar essa casa de papel? – perguntei, curiosa.

– Recebe sim, Anita. Meus avós esperam que eu continue a me lembrar deles e a apoiá-los, mesmo na vida após a morte. Todos temos que respeitar nossos ancestrais – me disse ela.

Ah Fong, Ah Chun e Ah Moh Yee se sentaram, então, para fazer uma refeição em sua mesa, que ficava na parte de trás da cozinha, que Ah Chun passara uma boa parte do dia preparando, com um lugar adicional para que os parentes falecidos participassem das festividades. Eu frequentemente me juntava a elas nessa refeição, e demonstrava uma preocupação genuína com o fato de uma quantidade suficiente de comida estar sendo colocada diante dos ancestrais!

Uma das minhas épocas favoritas do ano era o Festival da Lua do Meio do Outono, ocasião em que podia escolher uma lanterna de papel de uma cor brilhante entre as inúmeras que ficavam expostas, penduradas no teto de muitas lojas locais. Havia lanternas de todos os tamanhos e formatos, inclusive de animais do zodíaco chinês. Sempre gostei mais da lanterna com formato de coelho! Ah Fong me levava junto com Ah Moh Yee para escolher as nossas lanternas nas lojas atrás do mercado.

De certa maneira, esse festival é muito parecido com a festa americana de Ação de Graças, e é a celebração na lua cheia para comemorar a colheita. A cerimônia inclui comer e distribuir bolos da lua, cuja variedade é imensa. Acendíamos então as velas dentro das bonitas e coloridas lanternas de papel e as levávamos para fora. Junto com as outras crianças do nosso bairro, Ah Moh Yee e eu pendurávamos nossas lanternas do lado de fora da casa, nas árvores e nas cercas. Nesse dia, tínhamos permissão para ficar acordadas até mais tarde do que de costume e brincar à luz das lanternas e da lua, que era a lua mais cheia e luminosa do ano.

MINHA FAMÍLIA TAMBÉM CELEBRAVA TODOS OS FESTIVAIS INDIANOS, entre eles o Diwali (o Festival das Luzes hindu), com grande entusiasmo. Sempre vestíamos roupas novas na ocasião, e era uma época emocionante para mim. Mesmo naquela tenra idade, eu simplesmente adorava a ideia de ir comprar uma roupa nova para as festividades! Minha mãe, geralmente, me levava junto com meu irmão para a Lane Crawford, então a maior loja de departamentos do centro comercial e financeiro de Hong Kong. Percorríamos de ponta a ponta o departamento infantil; eu olhava entusiasmada para os vestidos e aventais, e meu irmão, para as camisas e calças. Minha mãe me ajudava a escolher o vestido, e, para essa época do ano, geralmente quanto mais colorido melhor, para combinar com a ocasião festiva.

Na auspiciosa noite, toda a minha família vestia as roupas novas. Minha mãe, geralmente, trajava um sari colorido novo e colocava todas as suas joias; meu pai vestia um tradicional *kurta patloon* (camisa e calças indianas), meu irmão, calças e camisa, e eu, um vestido novo.

Depois que nos arrumávamos, íamos para o templo hindu em Happy Valley, para nos reunirmos com outros membros da nossa comunidade indiana e cantar *bhajans*, que são canções devocionais hindus.

As nossas vozes, intercaladas com carrilhões e sinos, ecoavam através do elevado teto abobadado do templo e eram levadas para o ar da noite. Lembro-me de, efetivamente, ter sentido o som dos sinos do templo reverberando através do meu ser, tocando uma parte profunda da minha alma. Em todos os festivais hindus, o pátio do templo adquiria vida com as cores, a música, a dança e o aroma da condimentada comida vegetariana indiana, entrelaçando seu caminho por entre a doce fragrância do incenso. Como eu amava aquela atmosfera!

– Mama, vou lá na frente pedir ao *mahraj* (sacerdote indiano) para aplicar vermelhão na minha testa! – gritei animada para minha mãe, em *sindhi*, enquanto meu pequeno corpo avançava através do público colorido.

A risca de vermelhão que o *mahraj* aplica na testa de cada pessoa significa a abertura do terceiro olho, e eu fazia questão de receber a minha risca vermelha sempre que ia ao templo.

Por causa das minhas origens hindus, cresci acreditando em karma e reencarnação. A maioria das religiões orientais se baseia nessas leis, acreditando que o propósito da vida seja elevar nossa consciência para evoluirmos através de cada ciclo de nascimento e morte, até atingir a iluminação. Nesse ponto, nós rompemos o ciclo de nascimento e morte e não precisamos mais reencarnar em um corpo físico. Esse estado é chamado de "nirvana".

Pensar a respeito disso às vezes me deixava ansiosa, de modo que eu tomava cuidado para não fazer nada que pudesse criar um karma negativo em uma vida futura. Mesmo quando criança, minha mente processava continuamente o que poderia ser interpretado como bom karma *versus* mau karma, enquanto eu tentava me aperfeiçoar em relação a um barômetro criado por minhas crenças culturais.

A religião hindu também me ensinou que a meditação e o cântico são dois entre muitos métodos habitualmente usados para purificar a mente dos pensamentos impuros e nos auxiliar em nossa jornada em direção à iluminação. A meditação nos ajuda a desenvolver a conscientização de que somos mais do que o nosso eu físico. Portanto, à medida que eu ia crescendo, já estava consciente de que somos mais do que a nossa biologia.

CAPÍTULO 2

Muitas religiões, muitos caminhos

Contrastando com as tradições hindus que aprendi em casa, minha educação escolar começou em uma escola católica dirigida por freiras. E aos 7 anos de idade eu já começava a tomar conhecimento do impacto das diferenças culturais e religiosas.

A escola estava situada em um velho prédio bonito e amplo, de três andares e encimado por uma encantadora capela abobadada. A escola também estava convenientemente localizada em um lugar situado a uma curta distância a pé da nossa casa.

Em meu primeiro dia de aula, vesti meu novo uniforme com grande orgulho. Ele era composto por um elegante avental branco e um blazer azul-marinho com um emblema vermelho igualmente elegante. Eu estava me sentindo, realmente, bem em relação a mim mesma porque, quando entrei nas dependências da escola, vi que todas as outras crianças estavam vestidas da mesma maneira. O uniforme me conferiu um sentimento de entrosamento. Começávamos o dia cantando hinos, o que eu também apreciava muito.

– Por que sua família não vai à igreja aos domingos? – perguntou-me certo dia meu colega Joseph, depois que eu já estava frequentando a escola havia um mês.

– Porque não somos católicos. Somos hindus, e vamos ao templo nas noites de segunda-feira – respondi.

– Você precisa pedir a seus pais que a levem à igreja para rezar para Deus todos os domingos, caso contrário você não irá para o céu quando morrer – me disse Joseph.

– Você tem certeza disso? – perguntei. – Porque, se fosse verdade, estou certa de que os meus pais saberiam.

– Claro que tenho certeza, pergunte a qualquer um na escola. Ou, o que é ainda melhor, pergunte à irmã Mary em nossa próxima aula de estudos bíblicos. Ela com certeza sabe a verdade. Ela sabe o que Deus realmente quer! – insistiu ele.

Eu gostava de Joseph. Ele parecia se importar comigo e realmente desejar que eu fosse para o céu. Desse modo, fiz minha pergunta à irmã Mary, e não é preciso dizer que ela reiterou a minha necessidade de ir à igreja e estudar a Bíblia, se eu quisesse cair nas graças de Deus.

Naquela tarde, quando voltei para casa depois da escola, decidi conversar com minha mãe a respeito do que a irmã Mary havia dito.

– Mama, os meus amigos e as irmãs na escola dizem que eu tenho que ir à igreja aos domingos, e que tenho que estudar a Bíblia, se quiser ir para o céu quando morrer.

– Não, Beta – afirmou minha mãe. – Você não precisa se preocupar com isso. Apenas diga para todos na escola que nós somos hindus; e, quando você estiver um pouco mais velha, vai estudar as *nossas* escrituras, os Vedas. As pessoas de lugares diferentes têm credos diferentes. Você vai aprender que, depois que morremos, nós reencarnamos em outras circunstâncias.

– Não acho que as crianças da minha escola vão acreditar nisso – declarei um tanto sombriamente. – E estou com medo. E se eles estiverem certos? Todos eles não podem estar errados. Como as irmãs podem estar erradas?

Minha mãe me puxou para perto dela e disse:

– Não tenha medo, Beta. Ninguém sabe realmente a verdade, nem mesmo a irmã Mary. A religião é apenas um caminho para que encontremos a verdade; a religião não é a *verdade*. Ela é apenas um *caminho*. E pessoas diferentes seguem caminhos diferentes.

Embora as palavras da minha mãe tivessem me confortado temporariamente, elas não aliviaram completamente o meu medo. Com o tempo, minha apreensão por não me sujeitar à religião dos meus colegas ficou pior em vez de melhorar.

Eu queria que a irmã Mary me dissesse que eu poderia ir para o céu mesmo sendo hindu, mas ela não me deu a garantia que eu estava procurando. Com base no que eu havia aprendido na escola, eu percebia o sombrio destino que esperava aqueles que não conseguiam ir para o céu.

"E se Deus decidir vir me buscar quando eu estiver dormindo? A irmã Mary diz que ele está em toda parte e sabe tudo. Isso significa que ele sabe que eu não fui batizada!"

Sendo assim, eu ficava acordada à noite, não me atrevendo a dormir para o caso de Deus aproveitar essa oportunidade para me mostrar o destino que aguardava aqueles que não estavam nas boas graças dele.

Meus pais ficaram mais preocupados com minha ansiedade e as noites que eu passava sem dormir. Quando eu estava com 8 anos, eles perceberam que meus receios estavam piorando com o tempo, em vez de melhorar, de modo que decidiram me transferir para a Island School.

Essa escola britânica era um pequeno aglomerado de apenas seis prédios, com as dependências circundantes, e estava situada nas colinas de Hong Kong, logo acima da Bowen Road. Ela era mais secular, e naquela época os alunos eram, principalmente, filhos de expatriados britânicos que administravam o governo ou trabalhavam nas corporações multinacionais que ajudavam a construir e desenvolver nossa cidade.

A escola em si era luxuosa, bonita e de última geração para a época, com laboratórios de ciência e idiomas, um zoológico experimental, ginásios de esportes e piscinas. No entanto, na qualidade de uma criança indiana em um ambiente predominantemente britânico, eu continuava a ter dificuldades. Quase todas as outras crianças da minha turma eram louras de olhos azuis, de modo que eu era, frequentemente, deixada de lado e importunada apenas por ter a pele mais escura e ter o cabelo grosso, castanho e ondulado.

Minha mente ficava repleta de pensamentos, como "eu gostaria que Billy parasse de me chamar de nomes como crioula!". Além disso, eu costumava ser a última a ser escolhida para as equipes, e raramente me convidavam para participar de jogos e brincadeiras. As outras crianças também pegavam as minhas coisas quando eu não estava olhando, como meus livros e canetas.

Esse comportamento fazia com que eu me sentisse solitária, triste e desanimada, mas eu continha as lágrimas em público e chorava no travesseiro, quando estava sozinha em meu quarto. Eu também não queria que meus pais soubessem que eu estava sendo alvo de *bullying*, para que não pensassem em mim como um problema. Afinal de contas, eles já tinham me trocado de escola uma vez, de modo que eu fingia que estava me adaptando bem e realmente feliz.

Mesmo assim, um incidente específico causou um forte impacto em mim. Eu estava sentada na cantina, almoçando quieta, quando Billy, que acabara de almoçar, se levantou do lugar onde estava sentado, do outro lado da mesa, na diagonal. Ele pegou a sua bandeja com as sobras e, quando passou por mim, jogou deliberadamente os restos da bandeja em meu almoço.

Todo mundo que estava sentado a minha volta explodiu em gargalhadas. É possível que apenas poucas pessoas tenham notado o que Billy tinha acabado de fazer, mas eu senti como se todo mundo na cantina estivesse rindo de mim.

Uma raiva enorme cresceu dentro de mim. Eu havia chegado ao meu limite. Estava cheia de ser chamada de crioula, de ser a última a ser escolhida para as equipes, de ser importunada e de roubarem as minhas coisas. Não aguentava mais.

Eu me levantei de supetão, peguei meu copo de refrigerante de laranja e me virei para ficar de frente para Billy, que agora também estava olhando para mim e rindo. Olhei diretamente para ele e derramei minha bebida sobre a cabeça dele!

Agora a cantina inteira explodiu em risadas, mas felizmente, dessa vez, não estavam rindo de mim. Estavam olhando para Billy, de pé, com o refrigerante grudento de laranja gotejando de seu cabelo e escorrendo pelo rosto e pelas roupas. Ele parecia um espantalho, mas eu estava apavorada demais para rir. Estava com medo da reação dele.

Billy me fuzilou com os olhos, que continham tanta raiva que eu me senti como se eles estivessem perfurando buracos através de mim, de modo que não fiquei por lá um tempo suficiente para ver o resto da reação dele. Eu corri. Saí da cantina como um raio, fui para o banheiro das meninas, me tranquei dentro de um dos reservados e comecei a chorar. Chorei porque sabia que o que eu tinha feito estava em desacordo comigo. Mais do que tudo, eu queria me entrosar, ser aceita e apreciada. Não podia mudar a cor da minha pele nem a minha raça, e isso fazia com que me sentisse completamente impotente!

"Por que sempre sou diferente, onde quer que eu vá? Onde é o meu lugar? Por que não me sinto bem-vinda em lugar nenhum?" Eu queria, desesperadamente, saber as respostas, enquanto soluçava profundamente, agachada naquele cubículo.

Felizmente, à medida que fui crescendo e entrei na adolescência, o *bullying* diminuiu com o tempo. Entretanto, enquanto meus colegas começavam a adquirir independência, meus pais começaram a ficar mais rígidos, particularmente quando se tratava de sair à noite com os meus amigos, e especialmente se houvesse rapazes envolvidos. A nossa cultura desaprovava encontros com rapazes, de modo que eu raramente podia participar das noites da juventude em nossa escola ou sair nos fins de semana com meus colegas.

Por conseguinte, nunca me senti integrada. Sempre me sentia deixada de fora quando meus colegas conversavam a respeito de suas noites de fim de semana, dos bailes de jovens, rindo e compartilhando histórias. Eu os observava com inveja, desejando muito não ser indiana. O que me restava era, então, me concentrar em meus estudos e permanecer discreta a maior parte do tempo. Passava um sem-número de horas trancada em meu próprio mundo, e tinha muito poucos amigos realmente próximos.

Meus pais continuavam a tentar, ao máximo, me doutrinar em minha própria cultura e fazer com que eu conhecesse outros indianos, mas eu resistia às tentativas deles.

– Eu não quero ir à aula de vedanta – declarei para minha mãe certo sábado, quando tinha cerca de 13 anos. Vedanta é o estudo das escrituras hindus, e eu costumava frequentar aulas semanais, onde encontrava outras crianças indianas.

– Então as coisas ficarão mais difíceis para você quando crescer, particularmente quando você se casar. Você precisa saber o que significa ser hindu – retrucou minha mãe, enquanto mexia em meu cabelo.

"Mas eu não quero mais ser indiana! Eu quero ser mais como os meus colegas!", pensei. Em voz alta, eu disse para ela: – Mas eu quero sair com meus outros amigos, meus amigos da escola. Eles não precisam ter aulas de vedanta!

– Seu pai e eu queremos que você compareça às aulas, e ponto final – disse ela.

Eu ainda não estava convencida de que quisesse ser hindu, mas, como uma boa menina indiana, obedeci à vontade de meus pais. Ao longo de muitos anos, meus amigos indianos e eu nos encontramos em nossas aulas todas as semanas, para aprender os detalhes do nosso credo. Eu achava interessante e estimulante estudar os ensinamentos védicos. Tínhamos um excelente professor que encorajava a discussão, na qual eu era muito competente. Eu era um membro popular da turma, o que contrastava acentuadamente com a maneira como me sentia na escola, na qual queria tão desesperadamente me encaixar. Eu me sentia como se estivesse levando duas vidas separadas.

"Como eu gostaria de poder fundir tudo e ser tão popular na escola quanto sou com meus amigos indianos", pensava eu com frequência. "Por que meus colegas não conseguem ver em mim o que meus amigos indianos veem?"

À medida que fui ficando mais velha, passei a ficar cada vez mais interessada nos aspectos intelectuais do estudo do hinduísmo. Eu, efetivamente, gostava de estudar o Bhagavad Gita e os Vedas, aprender a respeito de causa e efeito, do destino *versus* o livre-arbítrio, e temas semelhantes; e adorava as palestras e debates que tínhamos sobre esses assuntos. Além disso, eu rezava e meditava, porque sentia que isso deixava meus pensamentos mais claros naquela ocasião. Muita coisa a respeito daquilo tudo fazia sentido para mim, embora muitas das crenças da minha cultura não parecessem racionais, como oprimir as mulheres, esperar que elas fossem subservientes aos homens e arranjar casamentos contra a vontade das pessoas. Nada disso está estipulado nos Vedas!

Apesar da minha exposição a essa variedade tão grande de culturas e religiões, nada me preparou para o que iria ocorrer nos anos futuros. Pouco sabia eu que todas as crenças, percepções e filosofias nas quais eu acreditava anteriormente iriam ficar completamente expostas e sua essência, abalada. Muito antes disso, contudo, eu continuava desafiando minha cultura e tradições, enquanto chegava à idade adulta e buscava alcançar o equilíbrio na minha vida.

CAPÍTULO 3

Passos casamenteiros equivocados

Ao longo dos anos, por causa da nossa cultura, meus pais tentaram delicadamente me convencer a fazer um casamento arranjado, apresentando-me aos filhos de amigos e conhecidos. Meu pai, em particular, não queria que eu continuasse os estudos além do ensino médio, pois temia que o fato de eu sair de casa e ir para a universidade fosse me tornar mais independente. Ele acreditava que isso reduziria minhas chances de ser, um dia, uma dona de casa subserviente e acomodada. Em minha cultura, acredita-se que, quanto menos instruída e mais jovem a mulher, mais submissa ela será no casamento, o que é considerado ideal.

Embora o que os meus pais mais desejassem no mundo fosse minha felicidade, na mente deles isso dependia não apenas de que eu me casasse, mas, especificamente, que me casasse com alguém da nossa cultura. No entanto, tudo o que eu queria parecia se opor a isso.

– Mas, papai, eu realmente quero ir para a universidade estudar fotografia e design gráfico! – insisti.

– Se você conseguir encontrar um curso perto de casa, não farei objeção, mas não vou deixar você ir morar longe de casa para estudar! – respondeu meu pai.

– Mas, papai, você sabe que não existem estabelecimentos de nível superior aqui cujas aulas sejam em inglês! Se eu quiser continuar meus estudos, terei que ir morar em outro lugar! – argumentei.

– Isto está fora de cogitação! Você sabe muito bem que não é aceitável que mulheres morem longe de casa antes de se casar – contrapôs ele.

Mas, a essa altura, eu já era uma jovem mulher, com fortes pontos de vista e opiniões. Por causa do tipo de instrução que recebera, minha mentalidade se tornara muito mais ocidentalizada, de modo que perguntei: – Por que as regras para os homens são diferentes das regras para as mulheres?

– Não são regras! É apenas a maneira como as coisas são, e você deveria ter orgulho de preservar nossos valores culturais – declarou meu pai, um tanto aborrecido com a minha atitude rebelde.

Eu ainda tinha sonhos a realizar, e um sentimento debilitante me dizia que eles talvez não se tornassem realidade. Queria ver o mundo e talvez trabalhar como fotógrafa de viagens. Queria fazer um mochilão pela Europa, ver a Torre Eiffel em Paris e visitar as pirâmides do Egito. Queria sentir a energia de Machu Picchu, comer *paella* na Espanha e *tagine* no Marrocos. Queria fazer, ver e experimentar muitas coisas; e sabia que, se concordasse com um casamento arranjado, minhas chances de realizar meus sonhos estariam acabadas. Além disso, minha situação não era favorecida pelo fato de duas de minhas amigas indianas mais chegadas estarem noivas, em uniões arranjadas naquela ocasião, pouco depois de terem se formado no ensino médio.

Assim sendo, por não querer causar problemas ou enfrentar novamente meu pai, eu me inscrevi num curso local de fotografia. Ao mesmo tempo, atendi ao pedido de meus pais e desempenhei o papel de noiva modesta em perspectiva, quando eles me pediram para conhecer rapazes adequados.

Lembro-me de que, em uma ocasião particular, meus pais me pediram que vestisse os meus melhores trajes tradicionais, quando iam me acompanhar a um encontro com outro noivo em perspectiva. Vesti uma blusa cor-de-rosa de seda pura, com um delicado bordado em torno do generoso decote. Um xale fino, rosa pastel, com um acabamento bordado que combinava com o da blusa, cobria minha cabeça e os ombros, para projetar um ar de modéstia. O traje era complementado por calças de seda azul pastel e um par de sapatilhas de salto alto.

Lembro-me, claramente, de que durante todo o trajeto, no carro, eu estava conferindo mentalmente uma lista de verificação das coisas que eram inaceitáveis nessa situação. Eu me peguei pensando que não poderia deixar escapar que me sentia muito mais à vontade usando jeans e tênis, ou botas de caminhada, em vez dos trajes tradicionais indianos. E outro passo em falso seria admitir que, ao contrário do que acontecera durante a infância, eu raramente visitava o templo hindu para as orações semanais, a não ser, talvez, durante os festivais. Eu sabia que também precisava me abster de falar a respeito de meus *hobbies* e outros interesses – de minha afinidade pela música eclética, de meu amor pela arte, pela astronomia e por olhar as estrelas, e de minha paixão por ficar ao ar livre na natureza. Decidi que não deveria falar a respeito de nenhuma de minhas aspirações para o futuro, de algum dia cruzar a África de bicicleta, de fazer um mochilão pela Europa, visitar o Egito, ser uma ativista social envolvida com organizações que constroem aldeias globais autossuficientes e ecossustentáveis, ou trabalhar para melhorar as perspectivas das pessoas em algumas das nações muito pobres da Ásia.

"Nossa", disse eu aos meus botões, "preciso me lembrar de não trazer à baila nada disso."

Lembro-me de ter registrado mentalmente que precisava mencionar, especificamente na presença de minha possível sogra, minha recém-adquirida habilidade de preparar um chapati perfeito. Esse tradicional pão não levedado é um alimento básico na maioria dos lares indianos, e requer uma grande habilidade para ser aberto uniformemente, de maneira que a massa forme um círculo perfeito. Eu sabia que isso agradaria demais à família.

Realmente, achei que tinha tudo perfeitamente planejado. Acreditava que analisara completamente todas as situações possíveis dessa vez, e que nada poderia sair errado. No entanto, ao que se revelou, eu não tinha feito adequadamente meu dever de casa. Quando chegamos ao local do encontro, um encantador clube colonial situado na encosta da Old Peak Road, o garçom veio até a mesa para anotar os nossos pedidos. Pedi um sanduíche de atum, sem me dar conta de que o noivo em perspectiva e sua família eram rígidos vegetarianos. Isso não me ocorreu nem mesmo quando cada membro da família dele pediu um sanduíche de queijo com pepino, uma torta de queijo com cebola ou alguma outra opção vegetariana.

As palavras "Vou querer um sanduíche de atum" mal tinham deixado meus lábios quando a mãe do noivo em perspectiva me lançou um olhar que parecia estar perfurando a essência do meu ser. Em uníssono, o restante da família acompanhou o olhar dela. Enquanto todos os olhares caíam sobre mim, eu simplesmente fiquei sentada, desejando que o chão se abrisse e me engolisse.

Eu me senti uma completa idiota por causa do meu erro! "Como pude não notar que eles eram – ou pelo menos levar em consideração a possibilidade de que poderiam ser – vegetarianos?" Eu me critiquei repetidamente. Afinal de contas, ser vegetariano não é incomum em nossa cultura.

É desnecessário dizer que esse arranjo particular não prosseguiu além do primeiro encontro.

EM DETERMINADO MOMENTO, CONTUDO, uma das tentativas de casamento arranjado *conduziu* a um noivado. Depois de apenas dois encontros, o rapaz e eu teríamos que tomar uma decisão a respeito de se queríamos ficar noivos antes que pudéssemos nos encontrar novamente.

Não teríamos permissão para passar mais tempo juntos enquanto não decidíssemos o que iríamos fazer. Ele era alto, bonito e educado. Eu me sentia atraída por ele e sabia que ele sentia o mesmo em relação a mim. Estávamos interessados em nos conhecer melhor, de modo que, para alegria dos nossos pais, concordamos em assumir o compromisso. Isto aconteceu em uma cerimônia religiosa no templo do guru Nanak, com a presença de toda a nossa família e amigos e abençoada pelo *mahraj*. Esse evento é denominado *misri* e, em uma tradução livre, pode ser chamado de "cerimônia de noivado".

O nosso *misri* aconteceu à tarde e foi seguido, na mesma noite, por um jantar em um conceituado restaurante indiano. A comida e a bebida eram fartas, havia música e dançamos pela primeira vez. Naquele momento, eu estava gloriosamente feliz. Finalmente, senti que estava fazendo a coisa certa, que eu ia ser aceita por todos. Acreditei que estava prestes a viver feliz para sempre.

Infelizmente, ao longo dos meses, à medida que a data do casamento se aproximava, comecei a compreender que nunca seria a pessoa que o meu noivo e a família dele desejavam para noiva e nora, porque eu não me encaixava no modelo tradicional. Como pude deixar de perceber isso antes de assumir o compromisso?

O detalhe do casamento ser arranjado deveria ter me alertado para o fato de que ele era acompanhado de certas expectativas. No entanto, uma vez que o arranjo tinha sido consolidado, rompê-lo parecia fora de cogitação, pelo menos no que dizia respeito às duas famílias.

Durante o período em que esse homem e eu fomos noivos, não parei de esperar que eu pudesse mudar, para ele e para a sua família. Eu me esforcei para me tornar alguém que eles teriam orgulho de chamar de esposa e nora. No entanto, lamentavelmente, continuei a desapontá-los e a não corresponder às expectativas deles. Eu desejava, desesperadamente, agradá-los, mas tinha dificuldade em permanecer concentrada em meus deveres tradicionais, por causa da minha inquietação e desejo de seguir meus sonhos.

Eu me senti extremamente desapontada comigo mesma durante esse período. Não parei de me perguntar: "Por que isso é tão difícil para mim? O que está errado comigo? Outros fazem isso com tanta facilidade. As pessoas ficam noivas e se casam o tempo todo. Por que essa ideia está gerando em mim todo esse conflito?". Eu me sentia impotente e inútil. Um completo fracasso.

Finalmente, sucumbi ao fato de que eu, talvez, nunca fosse ser o tipo de pessoa que eles estavam procurando. Estava pronta para admitir a derrota porque sabia que não conseguiria continuar mais com aquilo.

Eu sentia muito medo – medo de contar para alguém e também da reação que iria provocar se o fizesse. Estava com medo de me casar e com medo de romper o compromisso.

Bem no fundo, eu sabia que nunca iria satisfazer às expectativas do meu futuro marido e dos pais dele. Tudo o que eu vinha fazendo até esse ponto – a maneira como vinha me vestindo e me comportando – era uma encenação. Eu sabia que nunca seria, verdadeiramente, o que eles queriam que eu fosse. Passaria a minha vida inteira tentando ser alguém que não era, e sempre deixaria de corresponder às expectativas. Também nunca teria a chance de realizar nenhum de meus sonhos, esperanças e desejos.

Durante todo este tempo, eu não havia contado a meus pais nada do que estava sentindo, ou do conflito que estava enfrentando porque, uma vez mais, não queria que eles me considerassem um problema. Eu guardara tudo para mim e exibira uma face corajosa, dando a impressão de estar feliz, sempre sorridente e rindo por qualquer coisa, fingindo sentir tudo o que uma jovem noiva feliz sentiria. Não compartilhara essas coisas com ninguém, porque não queria afligir os outros com o meu medo e angústia emocional.

Mas eu havia chegado ao ponto em que não conseguia mais aguentar, de modo que, certa noite, pouco antes da data do casamento, procurei minha mãe e rompi em lágrimas.

– Mamãe, eu sinto muito! – declarei, enquanto as lágrimas corriam. – Não posso fazer isso. Eu simplesmente não posso!

Para minha surpresa, minha mãe me abraçou e disse: – Não chore, querida. Me conte apenas tudo que está perturbando você.

– Não estou pronta, mamãe! Tenho sonhos, quero viajar pelo mundo e fazer coisas diferentes, e simplesmente não consigo suportar a ideia de que nunca serei novamente independente para fazer todas as coisas que quero fazer!

Pus para fora, entre soluços, tudo o que eu estava sentindo. Expus todos os meus pensamentos e temores, todos os meus sonhos, esperanças e aspirações.

Minha mãe me abraçou com força e me disse que não ia me obrigar a levar adiante nada que eu não quisesse. Pediu desculpas por não ter percebido antes os meus receios e também por ter me feito passar por tudo aquilo, pelo menos até aquele momento. Ela falou que precisava conversar com meu pai, mas disse que eu não precisava ter medo, e que ela apoiaria a minha decisão.

Senti uma liberação catártica, que nunca sentira antes.

Em seguida, contei para o Anoop tudo o que eu dissera a minha mãe. Ele declarou imediatamente: – Não se preocupe, mana. Pode contar comigo. Gostaria que você tivesse nos dito antes o que estava sentindo. Você não precisava ter se debatido sozinha com suas emoções.

– Mas eu não achava que tinha alguma escolha depois do noivado – lembro-me de ter dito a ele, com os olhos marejados.

No entanto, com exceção de meus parentes próximos, ninguém em nossa comunidade recebeu bem a notícia.

PARENTES, MEMBROS DA FAMÍLIA, membros da futura família e outras pessoas na comunidade ficaram tristes, zangados e desapontados ao ouvir a notícia. Eles me procuraram, tentando me convencer a levar o casamento adiante. Disseram que era normal as noivas se sentirem como eu estava me sentindo, que tudo ficaria bem depois, e que eu deveria ir em frente com o casamento. Tentaram me convencer de que, se eu rompesse o compromisso, ninguém em nossa cultura iria querer se casar comigo. O meu nome ficaria manchado, e nenhuma família deixaria o filho se aproximar de mim.

Eles tentaram me convencer de que meus ideais eram irrealistas, especialmente para uma mulher. As minhas expectativas eram elevadas demais, e eu nunca encontraria um homem adequado por causa disso. Eles me disseram que, se baixasse as minhas expectativas e fosse uma esposa e nora obediente, teria uma boa vida.

Eu me senti muito mal por magoar todas aquelas pessoas, enquanto mantinha a minha posição. Quando ouvi o que estavam começando a falar a meu respeito, fiquei péssima com relação à minha decisão e tive medo do meu futuro. As pessoas estavam dizendo que eu não era caseira o bastante, que eu era mimada, e que meus pais não tinham me educado direito. Elas também estavam dizendo que o fato de eu, uma mulher, ser capaz de fazer uma coisa assim significava que eu tinha uma opinião elevada demais a respeito de mim mesma. Eu me senti péssima e triste. Não queria mais me socializar dentro da nossa cultura. Eu me arrependi de tudo o que tinha feito, desde ficar noiva até romper o noivado, de magoar meu noivo e a família dele, de magoar minha família, de não ser suficientemente caseira, de não ser indiana o bastante. Na realidade, eu me arrependi de tudo a meu respeito.

"Por que estou sempre me desculpando? Por que tenho que pedir desculpas apenas por ser eu mesma?" Simplesmente, eu não entendia o que estava errado comigo.

Não consegui suportar tudo o que tinha que fazer e as pessoas com quem tinha que lidar. Desse modo, dias antes da data do casamento, com tudo comprado e pago – tudo organizado, os presentes se empilhando, e amigos e parentes chegando de diferentes partes do mundo –, eu fugi. Fui fazer uma longa viagem para ver alguns de meus velhos amigos na Índia e no Reino Unido. Eu simplesmente queria desaparecer, sumir de nossa comunidade até que tudo se acalmasse, porque não queria lidar com nada, exceto as minhas emoções. Eu precisava fazer uma autoanálise. Sabia que a fase seguinte da minha vida não seria fácil.

CAPÍTULO 4

Meu verdadeiro amor

Quando voltei para a casa de meus pais em Hong Kong, não quis me reintegrar à comunidade indiana, já que me sentia completamente desajustada socialmente. Desse modo, voltei a atenção para o desenvolvimento de uma carreira, na tentativa de adquirir alguma independência.

– Consegui o emprego! – exclamei certo dia ao entrar em nosso apartamento, onde meu pai estava sentado em sua poltrona predileta, assistindo ao noticiário noturno.

Uma de minhas amigas tinha falado comigo a respeito de uma vaga na empresa em que ela trabalhava, porque achou que o emprego combinava perfeitamente comigo. Seu empregador era uma companhia de acessórios francesa, que distribuía seus produtos por toda a Ásia. A função envolvia ajudar o gerente de vendas a promover os produtos e atender a pedidos do atacado, com a possibilidade de fazer viagens a cidades vizinhas. Normalmente, eu não me sentia atraída por vendas e distribuição, mas estava animada, principalmente por causa da possibilidade de viajar e ser independente.

– Meus parabéns, Beta! Eu sabia que você conseguiria! – declarou o meu pai, orgulhoso, quando se virou para me olhar. – Conte-me tudo. Quando você começa? Quem é o seu chefe? Quais são as suas responsabilidades?

– Começo no dia primeiro do próximo mês. Estou tão animada! O meu chefe é o gerente regional de exportações. O cargo tem um grande potencial futuro. Se eu conseguir demonstrar meu valor para meu chefe, e ajudá-lo a ultrapassar suas metas, alguns territórios ficarão sob a minha inteira responsabilidade.

– O que isso significa? – perguntou meu pai, parecendo agora um pouco menos entusiasmado.

– Significa que existe uma enorme possibilidade de que eu vá viajar por toda a região!

– Embora eu esteja realmente orgulhoso de você, querida – declarou meu pai –, quero que se lembre de que esse emprego é apenas uma coisa para passar o tempo, até você encontrar um marido. Não quero que você fique tão envolvida com a sua carreira a ponto de se tornar independente demais para se casar! Sua mãe e eu ainda esperamos encontrar o homem perfeito para você.

– Pai, por favor, não estrague o meu momento! Estou realmente animada com o emprego!

– Eu sei – retrucou ele. – Bem, nunca se sabe; hoje em dia, alguns maridos não se importam com que a mulher trabalhe fora. Só não quero que você fique desapontada mais tarde, se o seu futuro marido não aprovar que você trabalhe e viaje, é só isso. Mas você está certa; não vamos pensar no futuro agora. Hoje, vamos celebrar o seu sucesso!

– Onde está a mamãe? Quero contar a boa notícia para ela. Depois quero levar vocês dois para jantar – hoje é por minha conta! – exclamei, quando saí da sala para telefonar para o Anoop e contar as excelentes novidades.

Finalmente, as coisas estavam começando a dar certo para mim. Eu estava começando a adquirir independência, tanto financeira quanto socialmente.

Ao longo dos anos, embora meus pais continuassem a tentar arranjar marido para mim, eles lentamente começaram a perceber que estavam travando uma batalha perdida.

Suas tentativas me deixavam um tanto frustrada, porque ainda não tinham entendido que, dentro dos limites da nossa cultura, eu não era considerada típica; e a minha reputação estava manchada por causa do noivado rompido. Eu tinha consciência de que as pessoas da minha cultura me achavam resoluta, rebelde, idealista, obstinada e teimosa – características que não eram consideradas desejáveis em uma mulher. Apesar disso, meus pais continuavam a alimentar a esperança de que, se me apresentassem ao homem certo, eu me transformaria para ele e me tornaria mais caseira.

Nesse meio-tempo, a minha carreira na empresa francesa tinha decolado, e o cargo que eu ocupava exigia que visitasse cidades vizinhas. Embora ainda morasse com meus pais quando estava em Hong Kong, as viagens me proporcionavam um grau de liberdade e independência que eu desfrutava e apreciava, além de me dar a oportunidade de conhecer os mais diferentes tipos de pessoas, de todos os estilos de vida. Lentamente, comecei a me sentir novamente bem com relação à vida. Na verdade, eu estava me sentindo feliz, popular e bem-sucedida, quando estava *fora dos limites da minha cultura*. Eu adorava esse lado da minha vida – as pessoas, meu trabalho e as viagens envolvidas. O papel de uma dona de casa indiana tradicional não oferecia nenhum atrativo para mim. Essa ideia era a coisa mais distante que passava pela minha cabeça, e eu não conseguia enxergar nenhum benefício em desistir do que eu tinha, de modo que continuava a dissuadir meus pais das tentativas de encontrar o marido perfeito para mim.

No entanto, no fundo da minha mente, sempre alimentei o sentimento de ser de alguma maneira inadequada. Sentia que tinha falhado ou deixado de alcançar o padrão que as pessoas esperavam de mim. Essa voz importuna me seguia por toda parte, fazendo o possível para que eu nunca me sentisse suficientemente boa ou louvável. Eu era de alguma maneira inadequada... ou *defeituosa*...

No final de 1992, conheci, de uma maneira bastante inesperada, o homem que um dia se tornaria meu marido, embora no início eu não acreditasse que ele fosse o homem perfeito para mim. Nós nos conhecemos certa noite, por acaso, por intermédio de uma moça que ambos conhecíamos.

– Você conhece um rapaz chamado Danny Moorjani? – perguntou Naina ao telefone, enquanto eu estava sentada à minha mesa no trabalho, tentando concluir o relatório semanal de vendas, para cumprir a data limite. Naina era uma amiga que não morava em Hong Kong, mas estava passando um período na cidade, e nós íamos nos encontrar naquela tarde, depois do trabalho, para tomar um drinque.

– Não, não conheço – respondi. – Por que você está perguntando isso? Quem é ele?

– Ele é um cara *sindhi*, uma gracinha, que conheci quando estava em Nova York no verão passado. Aparentemente, ele mora e trabalha em Hong Kong. Estou surpresa com o fato de você não conhecê-lo – disse ela.

– Você sabe, eu evito a nossa comunidade, particularmente depois do "incidente!" Existem muitas pessoas em Hong Kong que eu não conheço, de modo que isso não é nem um pouco surpreendente.

– Bem, você está prestes a conhecê-lo – retrucou ela. – Eu o encontrei e convidei para se juntar a nós esta noite, para tomarmos alguns drinques.

Mais tarde naquela noite, quando Naina e eu entramos no Club '97, um bar e *lounge* sofisticado, no coração da cidade, identifiquei imediatamente esse homem, embora nunca o tivesse encontrado antes. Ele estava em pé, descontraído, vestindo um suéter de gola rulê marrom-avermelhado e calça preta. Ele olhou para nós quando entramos e, embora estivesse lá para se encontrar com Naina, notei que seu olhar estava seguindo cada movimento meu enquanto andávamos na direção dele e nos sentamos. Mesmo quando minha amiga o cumprimentou, percebi que ele não afastou os olhos de mim, e, no momento em que seu olhar cruzou o meu, uma sensação de reconhecimento pareceu explodir através de cada um de nós. Foi como se nos conhecêssemos desde sempre, e a sensação era eletrizante. Eu tinha plena consciência de que ele estava se sentindo exatamente da mesma maneira, e começamos a conversar.

Nós nos conectamos em muitos níveis, e no final da noite tínhamos trocado números de telefone. Fiquei muito feliz quando ele me ligou no dia seguinte e fomos jantar fora. Ele foi incrivelmente romântico, trazendo-me flores e me levando para um restaurante encantador, Jimmy's Kitchen, que até hoje é um dos nossos favoritos.

No entanto, quanto mais nos relacionávamos ao longo das semanas, mais eu dava comigo me afastando, porque não confiava em meus instintos. Estar com ele era ao mesmo tempo quixotesco e eletrizante, e havia muito, muito tempo, que eu não me sentia daquela maneira. Eu estava assustada. Tinha medo porque ele era *sindhi*. Não queria me envolver com um homem da minha cultura, pelo menos não naquele momento... e talvez nunca mais.

Eu sabia muito bem que o casamento dentro da cultura indiana geralmente significava uma união com a família inteira. Não seriam duas pessoas se casando, e sim duas famílias. Tinha medo de me envolver uma vez mais em uma coisa da qual eu me arrependeria mais tarde. Desejava me casar com o homem, não com todos os seus parentes, e, como eu conhecia a nossa cultura, estava com medo. Na verdade, eu estava apavorada a respeito do que a família dele iria pensar de mim. A mesma situação iria se repetir? A família dele conhecia o meu passado? Será que eles iriam me rejeitar se soubessem que eu havia rompido um noivado? E como eu poderia ter certeza de que ele não tinha, em relação a mim, expectativas semelhantes àquelas que os homens da nossa cultura têm a respeito das esposas? Eu não queria ser magoada de novo, e tampouco queria fazer mal a ninguém.

Mas o Danny foi muito paciente e me concedeu todo o tempo que eu precisava, e eu valorizava muito isso nele. Achava a presença dele irresistível, e ele me fazia sentir amada de uma maneira que eu nunca havia sido antes. Eu estava vivendo uma batalha entre meu coração e minha mente, e o coração estava ganhando.

À medida que nos conhecíamos melhor, comecei a perceber que Danny era muito parecido comigo. Ele também não se identificava com a nossa cultura, já que também fora criado em Hong Kong e educado no sistema escolar inglês. Ele rejeitava muitos dos nossos costumes, especialmente as ideias a respeito das mulheres e do casamento. Ele era sempre muito generoso e aberto em sua afeição por mim, e seu amor parecia genuíno e incondicional. Pela primeira vez, não senti nenhuma pressão no sentido de que eu tinha que ser de uma determinada maneira para conquistar um homem e também não senti que ele tivesse alguma expectativa.

Danny também tinha um incrível senso de humor, o que eu achava extremamente cativante. Ele ria com facilidade, e seu riso era contagiante, de modo que nossos encontros eram sempre muito divertidos. Ele parecia saber, exatamente, quando telefonar e o que dizer, no momento certo. Era delicado, mas ao mesmo tempo forte e persuasivo, e essa era uma característica que eu adorava nele.

No entanto, eu ainda me pegava pensando que era só uma questão de tempo para que ele descobrisse meus defeitos. Eu tinha medo de que ele logo fosse ficar decepcionado.

Mas esse dia nunca chegou. A afeição do Danny por mim era firme e inabalável. Ele me telefonava apenas para saber como eu estava e me enviava flores e presentes nas ocasiões especiais. Ao contrário de muitos dos seus congêneres, ele adorava minha natureza independente. E, em vez de ficar horrorizado com meus interesses, sonhos e aspirações, achava engraçado o fato de eu repelir as tentativas de meus pais de me arranjarem um casamento. Ele considerava cativantes essas minhas qualidades. Estava, genuinamente, interessado em mim pelo que eu era, e esse sentimento de aceitação era extremamente novo e revigorante.

Danny tinha se formado em administração na faculdade. Como comumente acontece em nossa cultura, o pai dele tinha uma empresa e o Danny, por ser o único filho e herdeiro, foi obrigado a ingressar no negócio da família.

Na ocasião, meu trabalho exigia que eu fizesse algumas viagens para fora de Hong Kong. Como o negócio do Danny requeria o mesmo, de vez em quando eu encontrava seu rosto sorridente olhando para mim em vários portos de escala, pois ele, deliberadamente, coordenava as suas viagens para que coincidissem com as minhas.

Certa noite, quando estávamos caminhando ao longo da Deep Water Bay, uma das minhas praias favoritas na ilha de Hong Kong, perguntei casualmente ao Danny se ele tinha conhecimento do meu noivado anterior e do que as pessoas em nossa comunidade diziam a meu respeito. Nós nunca tínhamos falado sobre esse assunto, de modo que eu estava quase com medo de perguntar. Não tinha certeza de como ele iria se sentir se não tivesse ouvido falar nada.

– Sim – respondeu ele –, eu sei disso praticamente desde a época em que conheci você. E, graças à nossa maravilhosa comunidade, até mesmo aposto que a versão que ouvi foi aumentada dez vezes, com muito tempero adicionado para causar um efeito ainda maior!

– Como você se sentiu em relação a mim quando descobriu? – perguntei, um pouco preocupada com o que ele iria dizer.

– Você tem certeza de que está preparada para saber a verdade? – respondeu ele, com um leve sorriso aparecendo no canto dos lábios.

– Estou, quero a pura verdade, por favor. Consigo lidar com ela – declarei, preparando-me para o que estava por vir.

– Bem, quando ouvi falar no que você tinha feito, a primeira coisa que me veio à cabeça foi: "Este é, exatamente, o tipo de mulher com quem eu gostaria de me casar – alguém que tem uma mente própria!".

Um largo sorriso se abriu em meu rosto enquanto eu sentia uma enorme onda de alívio se derramar sobre mim. Lembro-me de ter dito: – Devo entender, então, que você não se sente atraído por mim por causa das minhas habilidades de preparar chapati?

– Ei, mocinha, você subestima as minhas habilidades! Eu sei preparar muito bem um chapati, mas isso não é tudo. Eu também limpo janelas, banheiros, lavo e passo como ninguém!

Nesse momento, meu sorriso se transformou em uma grande risada. Ambos nos jogamos na areia e rimos até que lágrimas começaram a escorrer por nosso rosto. Rimos a respeito de tudo e nada ao mesmo tempo.

Quando as risadas arrefeceram, ele ficou de joelhos enquanto eu ainda estava sentada na areia, e nossos olhos se encontraram. Ele segurou as minhas mãos nas dele e disse:

– Anita, tive vontade de perguntar isto desde o dia em que nos conhecemos. Você quer se casar comigo?

Naquele momento eu soube. Eu soube, com certeza, que ele era o homem para mim. Eu encontrara a minha alma gêmea.

No dia 17 de março de 1995, exatamente dois meses depois do Danny ter me pedido em casamento, o inesperado aconteceu. O telefone tocou, e rolei na cama para olhar para o relógio.

"O que está acontecendo?", eu me perguntei, enquanto colocava o fone no ouvido, "são apenas 5h15 da manhã." Antes de atender, já sabia que as notícias não eram boas.

– Beta, querida, é você? – ouvi a voz chorosa da minha mãe no outro lado da linha, antes que eu conseguisse dizer alô.

– Sim, sou eu. O que aconteceu? – Senti o medo tomando conta de mim e o ouvi se expressando em minha voz. Enquanto sentia meu coração deixar escapar algumas batidas, parte de mim estava terrivelmente apreensiva com as notícias que me seriam transmitidas através do pedaço de plástico que eu segurava na mão. Outra parte estava ansiosa para saber logo e acabar com o suspense.

– É o seu pai – me disse a voz lacrimosa da minha mãe. Ele não acordou esta manhã. Morreu dormindo.

Quando a saúde do meu pai começara a se deteriorar, alguns meses antes, meus pais tinham ido para a Índia, para que ele pudesse procurar terapias alternativas, como tratamentos ayurvédicos. Eu esperava que ele voltasse a tempo para o meu casamento, com a saúde restabelecida, para que pudéssemos dançar juntos a *bhangra* (uma das danças de celebração indianas favoritas) durante as festas. Eu não conseguia acreditar que aquilo estivesse acontecendo. Arrumei, chorando, as minhas coisas, fazendo freneticamente a mala, jogando dentro dela o que conseguia encontrar, enquanto meu irmão tomava providências para que nós dois pegássemos o voo seguinte para Pune, na Índia, que ficava a cerca de quatro horas de Mumbai.

Minha viagem para a Índia, o funeral e o tempo que passei lá com a minha família parecem ir e vir em memórias indistintas. Mas não me esquecerei do dia em que levamos as cinzas do meu pai, contidas em uma bela urna esmaltada, até o rio Indrayani, que atravessa a cidade sagrada de Alandi, a leste de Pune. Nós fomos para as rochas que dão para a vastidão do rio, na hora auspiciosa do dia em que o *mahraj* havia determinado que fôssemos até lá. Meu irmão abriu a tampa da urna e inclinou-a lentamente, deixando que a brisa levasse as cinzas e as espalhasse sobre a superfície da água. Ficamos observando, com lágrimas descendo pelo rosto, enquanto o rio levava as cinzas embora. Como poderíamos nos despedir desse homem maravilhoso?

"Papai, querido papai! Sinto muito se algum dia lhe causei alguma dor", sussurrei para meu pai enquanto permanecia ali com as mãos unidas em *pranam* (em oração).

"Eu vou me casar e você não está aqui para me ver andando ao redor do fogo matrimonial. Você viveu a minha vida inteira para esse dia. Como pôde me deixar agora?", perguntei às ondas, enquanto elas engoliam as cinzas dele e as lágrimas inundavam meu rosto.

OS MESES SEGUINTES FORAM, SIMULTANEAMENTE, agradáveis e dolorosos, pois minha família e eu parecíamos estar lamentando a morte do meu pai ao mesmo tempo que falávamos sobre a celebração que estava por vir. Pude perceber que minha mãe estava aliviada por ter o casamento para ocupar seus pensamentos, pois ele parecia animar um período que teria sido muito difícil e triste, e ajudar a planejá-lo deu a ela algo em que se concentrar.

Ainda assim, todos sentíamos falta do meu pai e estávamos tristes porque ele não estaria presente em uma ocasião tão importante para ele. Ver-me casada tinha sido a missão da vida dele. Mas eu me consolava lembrando que ele estivera presente quando fiquei noiva e tinha ficado muito feliz por mim. Era quase como se ele tivesse morrido com o coração mais leve.

Junto com os pais do Danny, consultamos o *mahraj* para saber qual seria uma data auspiciosa para o casamento. Dissemos a ele que teria que ser mais para o final do ano, já que minha família estava de luto pela perda do meu pai, e ainda não estávamos com a disposição de ânimo adequada para uma celebração. Ele consultou o seu almanaque sagrado e, depois de levar em consideração as nossas datas de nascimento, nos informou que o dia 6 de dezembro de 1995 era uma data auspiciosa para o casamento.

Na ocasião, ela pareceu muito distante. Entretanto, os meses voaram enquanto organizamos tudo, reservamos o local, encomendei o sari do casamento, desenhamos os convites e executamos as miríades de tarefas que fazem parte da preparação de um casamento indiano.

Minha mãe se dedicou de corpo e alma a me ajudar a planejar o evento, a fim de afastar a mente de sua recente perda, e sentiu muito orgulho ao escolher o meu sari de casamento e todos os outros trajes que eu ia vestir em todas as ocasiões relacionadas. Ela escolheu um estonteante sari de renda cor de bronze para eu usar no dia do casamento, e um sari branco com um fio dourado bordado em um desenho leve para o casamento civil.

Desse modo, no dia 6 de dezembro de 1995, eu me casei com a minha alma gêmea, Danny, em um elaborado casamento indiano, com festas que duraram quase uma semana! Parentes e amigos do mundo inteiro vieram para Hong Kong para participar dos rituais e das celebrações, que culminaram em uma recepção sob as estrelas, no gramado do Hong Kong Country Club, que dá para a minha praia favorita, Deep Water Bay, na parte sul da ilha de Hong Kong.

Certo dia, vários meses antes do dia do casamento, estávamos discutindo locais para o casamento, e eu havia dito meio brincando:

– Não seria legal se pudéssemos nos casar na praia em que você me pediu em casamento?

Brincamos com a ideia por alguns minutos, mas logo a descartamos quando pensei na frustração das convidadas quando seus sapatos de salto alto ficassem presos na areia. Foi então que me lembrei de que, logo acima das rochas, em uma das extremidades da praia de Deep Water Bay, ficava o Hong Kong Country Club, com seus extensos gramados dando para a baía na qual o Danny tinha me pedido em casamento. Foi naquele momento que decidimos que aquele seria o lugar perfeito para a celebração.

A noite estava linda no clube, e uma brisa fresca soprava enquanto a *shenai* (música matrimonial indiana) ecoava pungentemente no ar noturno. O Danny e eu, de mãos dadas, demos sete voltas ao redor do fogo para selar nossa união, enquanto o *mahraj* entoava nossos votos de casamento em sânscrito. O Danny estava bonito e tinha uma aparência principesca, de pé ao meu lado, no seu *shervani* (suntuoso traje de casamento) completo com turbante. Eu vestia o sari de renda cor de bronze que minha mãe escolhera para mim, e a ponta dele drapejava livremente sobre minha cabeça, sobre as flores de jasmim entrelaçadas em meu cabelo. Minhas mãos e meus pés estavam pintados com hena, em um delicado desenho floral, como reza a tradição para as noivas indianas.

Enquanto andávamos ao redor do fogo, olhei o tempo todo para o rosto dos membros da minha família e pude sentir que minha mãe e meu irmão sentiam falta do meu pai, desejosos de que ele estivesse lá para vivenciar aquela noite especial.

Depois que os rituais foram concluídos, seguiu-se uma enorme celebração, com comida, bebida, música e dança. Depois que a última cerimônia terminou, e o Danny e eu fomos para nosso quarto de hotel para a noite de núpcias, eu estava ao mesmo tempo exausta e agitada. Sabia que ele era o homem com quem eu queria ficar pelo resto da vida. Nós viveríamos felizes para sempre...

CAPÍTULO 5

Diagnóstico de medo

À medida que os anos foram passando, o Danny e eu construímos nossa vida juntos. Ele deixou o negócio de sua família para começar uma carreira em marketing e vendas em uma organização multinacional, e depois nos mudamos de seu apartamento de solteiro, no centro da cidade, para um apartamento encantador em um subúrbio tranquilo de Hong Kong. Adotamos um cachorro que chamamos de Cosmo.

Relativamente pouco tempo depois do nosso casamento, meu irmão decidiu deixar Hong Kong e abrir um negócio na Índia, porque estava havendo uma grande recessão em nossa cidade, e ele viu uma oportunidade lá. Assim, ele, sua esposa Mona e seu filho Shahn, que ainda engatinhava, se mudaram para lá, e minha mãe os seguiu pouco depois. Eu sentia uma enorme saudade deles, porque nunca tinha morado num país diferente longe da minha família.

Para piorar ainda mais as coisas, por causa da recessão, perdi o emprego na empresa francesa, já que as vendas tinham caído acentuadamente. Isso me perturbou muito, pois aconteceu inesperadamente e se somou ao estresse e à solidão causados pela partida da minha família de Hong Kong.

Durante esse período, também sofri pressão da parte da minha comunidade e de meus amigos para ter um filho, embora naquela ocasião eu estivesse mais interessada em trabalhar, viajar e explorar o mundo.

Finalmente, consegui um trabalho *freelance* em uma empresa especializada na transferência de pessoas. Minha responsabilidade envolvia ajudar expatriados recém-chegados a se integrar em Hong Kong, e eu gostava da liberdade que o trabalho oferecia, já que não era de horário integral.

Eu simplesmente não me sentia pronta para ter filhos, mas, em minha cultura, no momento em que você se casava, todos esperavam que você gerasse filhos. Era frequente eu me ver dividida entre as expectativas externas e o que eu realmente queria fazer, e às vezes me sentia quase inadequada entre meus amigos, por não desejar as mesmas coisas que eles, especialmente por causa do meu desejo de demorar mais a ter filhos.

Membros da nossa comunidade me lembravam com frequência que nós, mulheres, tínhamos um relógio biológico que corria contra nós, o que só fazia alimentar o medo que já existia dentro de mim – antigas preocupações, começando com a minha ansiedade por causar muitos problemas por ser menina, de estar errada porque não me encaixava em lugar nenhum. Lembro-me de ter pensado: "Mas, se nós realmente quisermos filhos, sempre poderemos adotar um! Há tantas crianças indesejadas no mundo, que adorariam ter um lar. Além disso, eu não teria que me preocupar com nenhum relógio biológico!".

Na realidade, o Danny e eu discutimos seriamente esse assunto, e ambos concordamos em que a adoção fazia muito sentido. Ela também removeria a pressão de eu ter que ser escrava do meu próprio corpo. No entanto, sempre que eu mencionava essa possibilidade para outras pessoas em nossa comunidade, recebia reações negativas. A mais comum era a seguinte: "Você não pode ter filhos? Oh, sinto muito".

Uma vez mais, descobri o antigo medo de não atender aos padrões se movimentando dentro de mim... mas meu foco nesse assunto chegou ao fim rápido demais.

No verão de 2001, a Soni, minha melhor amiga, foi diagnosticada com câncer, e a notícia me abalou profundamente. Ela teve dificuldade para respirar certo dia, e, quando foi fazer um *checkup*, descobriram que tinha um tumor enorme no tórax, que estava fazendo pressão contra o pulmão. Eu simplesmente não consegui acreditar que isso pudesse estar acontecendo com ela. Ela era jovem, forte, cheia de energia, saudável e tinha muito pelo que viver. Os médicos a internaram imediatamente no hospital, para realizar uma cirurgia para remover o tumor, seguida de radioterapia e quimioterapia.

Em seguida, poucos meses depois do diagnóstico da Soni, recebemos a notícia de que o cunhado do Danny (o marido da sua irmã mais nova) tinha sido diagnosticado com uma forma agressiva de câncer.

Essa notícia inculcou um medo profundo em mim porque tanto a Soni quanto o cunhado do Danny tinham idades próximas da minha. Comecei a pesquisar tudo o que pude a respeito do câncer e de suas causas. Inicialmente, comecei a fazer isso na esperança de ajudar, porque queria estar perto da Soni, ajudá-la a lutar. No entanto, descobri que, quanto mais lia a respeito da doença, mais ficava com medo de tudo o que poderia potencialmente causá-la. Comecei a acreditar que tudo provocava câncer – pesticidas, micro-ondas, agentes conservantes, alimentos geneticamente modificados, a luz solar, a poluição do ar, recipientes de plástico para comida, telefones celulares e assim por diante. Isso progrediu até que, com o tempo, comecei a temer a própria vida.

VINTE E SEIS DE ABRIL DE 2002 é um dia que nem o Danny nem eu vamos nos esquecer facilmente. Entramos, hesitantes, no consultório do médico como se estivéssemos entrando em um matadouro. O medo se insinuava à nossa volta, advertindo que um choque nos aguardava em cada canto. Era um final de tarde de sexta-feira, o último dia de trabalho antes de passarmos juntos o fim de semana. Abrimos caminho através da multidão, já que todo mundo estava começando a deixar o trabalho para comemorar a *happy hour* antes do fim de semana – quer dizer, todo mundo exceto nós. Mal reparamos no sol alaranjado que se punha no horizonte, lançando seu brilho flamejante sobre os arranha-céus de vidro da nossa cidade vibrante, enquanto descia atrás do porto. Hoje veríamos o resultado dos exames que o médico tinha feito em mim.

Alguns dias antes, eu havia encontrado um caroço em meu ombro direito, logo acima da clavícula. Naquele momento, eu me recusei – ou melhor, eu *exigi* que aquilo não fosse nada mais do que um quisto ou um grande furúnculo. No entanto, a pequena e feia voz no fundo da minha mente, prognosticadora de má sorte, ficou me azucrinando sem parar, convencendo-me de que era mais do que aquilo.

No decorrer dos meses anteriores, eu tinha visitado, aos prantos, minha amiga Soni, que estava hospitalizada, morrendo por causa do câncer que fora diagnosticado no ano anterior. Horrorizada e triste, eu observava seu corpo sendo devorado vivo, centímetro por centímetro, consumido por uma coisa abominável que se recusava a ser domada, até mesmo pela mais avançada ciência médica disponível. Eu não podia me permitir pensar naquele horror acontecendo comigo. Ainda assim, o caroço na base do meu pescoço me obrigou a enfrentar a possibilidade, de modo que ele teve que ser examinado. Eu fiz uma biópsia, e estava aguardando os resultados naquele dia.

O médico foi muito gentil e delicado quando deu a notícia: – Você tem linfoma, que é uma forma de câncer do sistema linfático.

Mas, a partir do instante em que ele pronunciou a palavra *câncer*, eu praticamente não ouvi o restante do que ele estava dizendo. A voz dele chegou até mim como se ele estivesse falando embaixo d'água. Meus olhos ficaram embaçados e descansaram na vista da janela da clínica. Do lado de fora, nada mudara: o sol continuava a sua jornada, pondo-se lentamente atrás do porto; os arranha-céus brilhavam em tons atenuados de laranja e âmbar; e as pessoas seguiam o seu caminho em direção ao riso e à alegria da *happy hour*. No entanto, tomar conhecimento da realidade do que estava acontecendo dentro de mim tinha mudado, instantaneamente, todo o meu mundo.

Compassivamente, o médico dissertou as opções disponíveis.

– Ficarei do seu lado – me garantiu ele –, independentemente da decisão que você tomar, da opção de tratamento que você escolher. Mas primeiro vou marcar uma ressonância magnética para você na segunda--feira de manhã, para que possamos verificar em que estágio o câncer se encontra. Venha me ver depois do exame, e discutiremos os resultados.

A voz do médico era um ronco abafado em minha cabeça, e pus de lado o conselho dele. Mal consegui ouvi-lo dizer que tentássemos relaxar e aproveitar da melhor maneira possível o fim de semana.

O pavor colidiu violentamente com a razão. Nem o Danny nem eu conseguíamos pensar. Nós nos recusávamos a fazê-lo. Não queríamos pensar a respeito do câncer, de opções, da morte! Eu queria colocar o mundo normal em volta de mim e fugir. Na verdade, não conseguia avaliar – não era capaz de avaliar – as opções. Isso era excessivamente assustador, e meu cérebro rodopiava confuso. Por sorte, o médico tinha dito que não precisávamos tomar nenhuma decisão até segunda-feira de manhã, quando estava marcada a minha ressonância magnética, e eu deveria conversar com ele em seguida a respeito do tratamento que iria fazer.

Embora minha mente estivesse muito longe e eu tivesse inúmeras perguntas, o Danny tinha me convencido a sair e deixar o mundo para trás.

Assim, quando voltamos para casa, vesti meu vestido vermelho-coral predileto. Enquanto estava ali toda arrumada, meu marido colocou os braços em volta de mim e disse: – Não tenha medo. Vamos passar por isso juntos.

Por conseguinte, naquela noite, nós fugimos – pelo menos por algum tempo.

Jantamos sob as estrelas no El Cid, o meu restaurante ao ar livre predileto, à margem da Stanley Bay, no lado sul da ilha de Hong Kong. A lua brilhava na sua gloriosa plenitude, enquanto uma delicada brisa marinha tremulava pelo ar. O som suave das ondas do oceano próximo complementava a música da banda mariachi que fazia serenata de mesa em mesa. Para garantir uma noite perfeita, demos uma boa gorjeta para a banda, para que ela ficasse bastante tempo ao nosso lado, tocando minhas canções favoritas. A sangria fluía, os músicos tocavam e nós nos esquecemos do mundo além da nossa mesa.

Na manhã seguinte, acordei enrolada nos braços do Danny. Era glorioso me aconchegar nele e empurrar o mundo para longe. Eu queria que a ida ao consultório do médico tivesse sido apenas um mau sonho, mas a realidade enfiou a sua repulsiva cabeça em meus pensamentos. Eu ainda estava com câncer e não podia fugir do que sabia. Como iria fugir de meu próprio corpo?

Os jogos que nós temos a capacidade de jogar em nossa mente me impressionam. À medida que a manhã de sábado ia se transformando em tarde, decidi que não queria que ninguém soubesse do diagnóstico. Se ninguém descobrisse, eu não teria que lidar com ele. Poderia escapar em minha mente, embora não no corpo.

– Vamos ter que contar para nossas famílias – declarou o Danny racionalmente.

– Eu sei, mas eles vão fazer um drama a respeito da coisa toda. Posso ter mais um dia de paz e solidão antes de contar para alguém – negociei com ele.

Naquela tarde, contudo, minha mãe telefonou para perguntar por que nós ainda não tínhamos informado o resultado da biópsia. O Danny deu a notícia para ela e, quando me dei conta, ela estava fazendo uma reserva em um avião com destino a Hong Kong. Meu irmão telefonou, dizendo que também estava se preparando para vir ficar comigo.

Eu não queria que eles levassem a coisa tão a sério; não queria todo esse drama, porque ele tornava a situação muito real! A reação amorosa deles empurrou a realidade de encontro a mim como um peixe morto, frio. Não havia mais como escapar da verdade do diagnóstico.

Na segunda-feira, o Danny e eu fomos novamente à clínica e falamos abertamente sobre as opções. Eu havia acabado de fazer a ressonância magnética, e o médico estava analisando os resultados com uma expressão de bondoso interesse no rosto.

– É estágio 2A – disse ele suavemente.

– O que isso significa? – perguntou o Danny.

– Significa que ele se espalhou para o peito e para a região da axila, mas está contido dentro do tronco – respondeu pacientemente o médico. – Agora, vamos começar a examinar as opções disponíveis para você. A minha sugestão seria, possivelmente, uma combinação de quimioterapia e radioterapia.

– Não vou fazer quimioterapia! – anunciei enfaticamente na sala.

– Mas, querida, isso é praticamente tudo o que está disponível para nós – declarou o Danny, surpreso, e eu me virei para ele com um olhar de determinação.

– Veja o que a quimioterapia está fazendo com a Soni; e o que você tem a dizer sobre o marido da sua irmã? – retruquei.

Eu não queria ter essa conversa. Queria que as coisas voltassem a ser como eram antes. Enterrei o rosto nas mãos e tentei empurrar meus pensamentos para longe.

– Você, realmente, quer que eu morra assim? – perguntei, conseguindo ouvir o pavor na minha voz. – Eles estão simplesmente se esvaindo e... no meio de uma dor imensa. Eu prefiro morrer neste instante do que permitir que isso aconteça comigo.

– Eu sei – disse o Danny, enquanto colocava delicadamente a palma da mão sobre a minha mão gelada, que jazia inerte sobre a mesa do médico. – Mas eu não quero perder você. O que mais pode ser feito?

Estávamos casados havia seis anos. Tínhamos tantos sonhos pelos quais viver, lugares que queríamos visitar e coisas que queríamos fazer. Mas como as geleiras do norte, que estão se desintegrando, os nossos sonhos pareciam estar se dissolvendo diante de nós.

Na tentativa de me afastar de meus receios, tentei tranquilizá-lo: – Existem outros métodos. – Voltei-me para o médico, em busca de apoio para a minha declaração. – Estou convencida de que existem maneiras de derrotar o câncer sem quimioterapia.

Naquele dia, o Danny e eu iniciamos uma longa jornada. Juntos, parecemos nos unir aos heróis da mitologia antiga, enquanto avançávamos, determinados a derrotar essa doença que agora estava começando a assumir o controle da nossa vida. Desde o início, a minha jornada esteve repleta de altos e baixos emocionais, que iam da esperança ao desapontamento, ao horror e, finalmente, à raiva.

Antes do meu diagnóstico, um dos meus maiores medos era contrair câncer, pois isso parecia estar ocorrendo com mais frequência com pessoas que eu conhecia. Receber meu diagnóstico enquanto eu estava acompanhando a doença reivindicar a vida da minha melhor amiga e do cunhado do Danny apenas confirmou a minha observação. Eu estivera assistindo, impotente, enquanto a quimioterapia parecia estar destruindo os corpos que supostamente deveria curar. E, agora, ela estava invadindo nossa vida... saqueando nosso mundo e devastando tudo o que encontrava pela frente.

Pensar nesses entes queridos que estavam doentes fez com que a raiva e o pânico se precipitassem através de mim. O medo do câncer agora me agarrava em sua perversão; ele parecia empurrar meu estômago contra minha garganta com o punho fechado. Os efeitos da quimioterapia me assustavam ainda mais. Cada músculo se contraía em uma braçadeira protetora e se agarrava à vida.

Ao longo dos meses que antecederam meu diagnóstico, eu vira a saúde da Soni se deteriorar rapidamente. Durante esse período, eu me sentia constantemente mal por sair, ou me divertir, enquanto ela estava doente no hospital. De alguma maneira, parecia errado eu estar me distraindo enquanto ela estava sofrendo. À medida que a saúde dela continuava a se deteriorar, eu ia tendo cada vez mais dificuldade em encontrar prazer na vida, ou em me livrar de sentimentos de culpa.

Agora que eu estava lidando com meu próprio câncer, tornara-se cada vez mais difícil observar minha amiga ficar cada vez mais doente, e dei comigo passando menos tempo com ela. Quando via a Soni, não conseguia ser positiva e otimista com ela; eu não era capaz de fazer isso nem por mim mesma. Cheguei a um ponto no qual passei a achar que ficar tanto tempo juntas como costumávamos fazer não estava ajudando a nenhuma das duas. Eu ficava assustada só de observar o que o câncer estava fazendo com o corpo dela – bem como os efeitos do tratamento. Eu me sentia vulnerável diante da ideia de que a mesma sorte possivelmente me estava reservada, e enfrentar tudo isso era simplesmente demais para mim.

No dia em que a irmã da Soni me telefonou para dizer que a batalha da minha melhor amiga tinha terminado, desmoronei e chorei. Ela finalmente havia nos deixado.

Embora eu estivesse dominada pela emoção e sofrendo com a ideia de que ela tinha partido, uma pequena parte minha estava aliviada por ela não estar mais sentindo dor.

O dia do funeral da Soni ficará para sempre gravado em minha memória. Ainda consigo ver o olhar de desolação no rosto de seus pais por perder a filha querida; o choque da irmã mais nova e do irmão mais velho, ao perderem a amada irmã; a dor e o desamparo no rosto do marido, ao lidar com a sua perda. No entanto, acima de tudo, nunca me esquecerei das faces inocentes, marcadas pelas lágrimas, dos filhos da Soni e da expressão horrorizada deles enquanto observavam o caixão da mãe ser levado ao fogo do crematório. Essa lembrança me assediará até o fim da minha vida. E foi nesse dia que a *raiva* foi adicionada à mistura do meu espectro de emoções diante da minha situação.

E, para piorar ainda mais as coisas, relativamente pouco tempo depois do funeral, recebemos o telefonema que nos informou que o cunhado do Danny também tinha perdido a sua batalha. Ele também deixara para trás uma jovem esposa (a irmã mais nova do Danny) e dois filhos pequenos.

Eu estava zangada com a cruel pilhéria que chamamos de vida. Eu não conseguia entender qual a razão de tudo aquilo. Parecia que vivíamos por alguns anos, aprendíamos com os nossos conflitos e, finalmente, quando conseguíamos controlar a situação, acabávamos sendo jogados ao fogo dentro de uma caixa de madeira. Certamente isso não deveria acontecer tão rápido. Tudo parecia tão sem sentido – tão fora de propósito.

CAPÍTULO 6

Em busca da salvação

Raiva.
Apreensão.
Frustração.
Medo.
Desespero.
    Esse era o espectro de emoções com o qual eu lidava depois da morte da Soni. Da manhã à noite, cada dia era um passeio na montanha-russa, enquanto eu questionava, desafiava, me enfurecia e me desesperava por causa da minha situação. Eu sentia essas emoções não apenas por mim mesma, mas também por minha família. Eu tinha medo da ideia deles terem que lidar com a minha morte.
    O medo e o desespero continuaram a me levar a pesquisar tudo o que era possível a respeito da saúde e bem-estar holísticos, inclusive sistemas de cura orientais. Eu estava me consultando com vários especialistas em disciplinas naturais, e também participava de diferentes tipos de modalidades de cura. Tentei a hipnoterapia, meditava, rezava, entoava mantras e tomava medicamentos fitoterápicos. Finalmente, deixei meu trabalho como *freelance* e viajei para a Índia, para seguir o sistema de cura do ayurveda, enquanto o Danny permaneceu em Hong Kong. Ele não pôde me acompanhar por causa do seu emprego, mas me visitou duas vezes,

por duas semanas de cada vez. Nós também nos falávamos por telefone quase todos os dias, porque ele queria se manter informado a respeito de como eu estava indo.

Fui para a cidade de Pune, onde meu pai tinha falecido, para aprender mais a respeito de yoga e de ayurveda com um mestre. Passei um total de seis meses na Índia, e, durante esse período, finalmente senti que estava recuperando a saúde. Meu mestre de yoga me colocou em um duro regime. Eu tinha que seguir uma dieta muito específica de comida vegetariana e tomar remédios fitoterápicos, junto com uma série fixa de *asanas* (posturas) de yoga, ao amanhecer e ao pôr do sol.

Fiz isso durante meses, e efetivamente comecei a me sentir muito melhor. Ele era um guru incrível, que nem mesmo acreditava que eu estava com câncer. Eu disse a ele que os médicos tinham realizado exames e confirmado que eu tinha linfoma, ao que ele respondeu:

– *Câncer* é apenas uma palavra que gera medo. Esqueça essa palavra, e vamos nos concentrar em equilibrar o seu corpo. Todas as doenças são apenas sintomas de desequilíbrio. Nenhuma doença pode permanecer no corpo quando todo o sistema está em equilíbrio.

Realmente, apreciei o tempo que passei sob a proteção do meu mestre, e ele ajudou a aliviar meus receios com relação ao câncer. No final de seis meses, ele estava convencido de que eu estava curada – e eu também estava. Eu me senti vitoriosa, como se finalmente tivesse conseguido dar a volta por cima, e estava ansiosa para voltar para casa e estar novamente com o Danny. Sentia muita falta dele e tinha muito para compartilhar com ele.

Quando voltei para Hong Kong, inicialmente muitas pessoas comentaram que a minha aparência estava excelente. Eu sem dúvida estava me sentindo melhor do que nunca, tanto física quanto emocionalmente, mas o meu júbilo durou pouco. Não demorou muito para que os outros quisessem saber o que eu ficara fazendo tanto tempo na Índia e como eu ficara curada. No entanto, quando falei com eles a respeito do meu regime ayurvédico, recebi principalmente reações negativas e baseadas no medo. Essas pessoas eram bem-intencionadas e se importavam genuinamente com o meu bem-estar, mas eram céticas com relação às minhas escolhas, motivo pelo qual causaram um impacto tão grande em mim. A maioria acreditava que o câncer não podia ser tratado dessa maneira, e pouco a pouco comecei a sentir as dúvidas e o medo se insinuando novamente em minha psique, enquanto eu defendia a minha posição.

Em retrospecto, vejo que, quando isso começou a acontecer, eu deveria ter voltado para a Índia para recuperar novamente minha saúde. Em vez disso, comecei a me deixar influenciar pelo ceticismo que estava enfrentando por causa da minha escolha de tratamento, de modo que permaneci em Hong Kong.

Tentei entender a Medicina Tradicional Chinesa (MTC), já que ela é comumente praticada aqui. No entanto, como ela diferia muito do ayurveda, eu me senti muito confusa. No ayurveda, a pessoa é incentivada a ser vegetariana, enquanto na MTC, ela é encorajada a comer carne, particularmente de porco. No sistema indiano, a carne de porco e a de boi são a pior coisa que alguém pode comer.

Para piorar ainda mais as coisas, por estar tão confusa, procurei a ajuda da naturopatia ocidental. Isso não apenas agravou a confusão, como também aumentou meu medo. Eu estava recebendo mensagens conflitantes de cada disciplina. Nos sistemas naturopatas ocidentais, o açúcar e os laticínios são considerados completamente proibidos – na verdade, eles são vistos como os alimentos que contribuem para o crescimento das células cancerosas. De acordo com os sistemas que eu estava pesquisando, o açúcar alimenta as células que sofrem mutação. No ayurveda, por outro lado, os laticínios são obrigatórios; e o açúcar e os alimentos doces são necessários como parte de uma dieta que busca equilibrar todas as papilas gustativas.

Desse modo, fiquei muito estressada a respeito da comida e com medo de comer praticamente qualquer coisa. Eu não sabia o que era bom para mim e o que não era, porque cada sistema de cura abraçava uma verdade diferente, e todos estavam em conflito uns com os outros. Essa confusão só fez aumentar meu medo, que já era esmagador. E à medida que o pavor, uma vez mais, tomava conta de mim, eu observava impotente a minha saúde rapidamente se deteriorar.

EU SENTIA NECESSIDADE DE FICAR SOZINHA a maior parte do tempo e só aceitava na minha vida aqueles que estavam mais próximos de mim. Eu queria impedir a entrada da realidade, na tentativa de manter a verdade afastada. Não conseguia suportar a maneira como as pessoas olhavam para mim e me tratavam. À medida que minha saúde declinava, o jeito como os outros sentiam pena de mim e me faziam concessões me desgostava, como se eu fosse diferente ou anormal. Também me sentia muito mal pelo fato da minha cultura considerar que aquilo era o meu karma – que eu devia ter feito alguma coisa em uma vida passada para justificar essa punição. Como eu também acreditava no karma, acabava sentindo que tinha feito alguma coisa para me envergonhar ou para merecer aquilo.

Tinha a impressão de que estava sendo julgada, o que também me fazia sentir desamparada.

"Se isso é uma punição por algo que fiz em uma vida passada", eu me perguntava, como "posso mudar as coisas? O que posso fazer a respeito disso agora?" Pensamentos como esse faziam com que eu me sentisse completamente impotente em relação a minha situação.

No entanto, no decorrer de tudo isso, eu assumia uma fachada. Ria, sorria e batia papo-furado, mesmo quando não estava com vontade, porque era importante para mim não deixar ninguém preocupado com minha doença. Eu não queria que os outros ficassem perturbados ou inquietos por causa da minha situação, de modo que continuei a colocar os sentimentos e necessidades de todas as outras pessoas acima dos meus. Muitas pessoas comentavam como eu era "corajosa" e o quanto admiravam a maneira como eu estava lidando com a doença. Muitas, muitas pessoas, também mencionavam como eu era sempre positiva e feliz – mas não era assim que eu me sentia por dentro.

Danny era a única pessoa que realmente entendia o que estava acontecendo e o quanto estar na presença de outros me afetava, de modo que ele lentamente começou a agir como um escudo protetor, mantendo as pessoas afastadas. Na presença dos outros, eu sempre sentia a necessidade de encenar que estava feliz e positiva, porque não queria que ninguém sentisse pena de mim, e tampouco queria que se preocupassem. Com o tempo, isso começou realmente a me deixar esgotada, e eu me recusava até mesmo a atender ao telefone porque não queria falar sobre a minha doença. Eu não queria o conselho de ninguém a respeito de como deveria lidar com o que estava acontecendo dentro de mim, e não queria responder repetidamente às intermináveis perguntas que as pessoas que se importam conosco tendem a fazer.

Parei de sair e permaneci na segurança da minha casa, porque, além de não estar me sentindo bem, fisicamente eu parecia muito doente. Minha respiração era difícil, meus membros estavam muito finos e eu tinha dificuldade em manter a cabeça ereta. Os olhares e comentários de que eu era alvo por causa disso me incomodavam. Sabia que as pessoas não estavam me olhando com desprezo ou desagrado, e sim por curiosidade e, talvez, com um sentimento de pena. Quando eu as pegava olhando, elas desviavam abruptamente os olhos, e eu sentia seu constrangimento. Eu reconhecia a emoção por trás da expressão delas, pois eu frequentemente também a sentia quando via alguém que estava doente. Elas sentiam pena de mim. Logo vim a aceitar essa reação como normal nas pessoas que me viam ou interagiam comigo, e lastimei que minha presença fizesse com que os outros se sentissem tão incomodados, de modo que, nesse ponto, parei completamente de sair em público.

Logo me vi trancada em minha própria jaula de medo e desespero, em que minha experiência de vida estava se tornando cada vez menor. O tempo deslizava em um declive escorregadio. Para mim, qualquer um que não tivesse câncer era uma pessoa de sorte. Eu sentia inveja de cada pessoa saudável que encontrava. Não importava quais fossem as suas condições de vida; elas não tinham o demônio que estava implacavelmente saqueando meu corpo... a minha mente... a minha vida.

Todas as manhãs, eu acordava com um vislumbre de esperança: "Hoje talvez seja o dia em que as coisas vão mudar". Mas cada noite terminava com o pesado sentimento familiar, cada noite trazia uma sensação maior de derrota do que o dia anterior.

Desiludida, comecei a questionar o que eu estava lutando tanto para conservar. De qualquer maneira, o que tudo aquilo significava? Em minha dor e medo, não consegui mais enxergar o propósito de continuar, e senti que estava ficando cansada. Eu estava começando a desistir. Estava pronta para admitir que estava derrotada.

A ESSA ALTURA, EU IA E VOLTAVA DO HOSPITAL para transfusões de sangue e outros tratamentos. Quando estava em casa, passava a maior parte do tempo dormindo ou descansando. Não podia sair ou andar por longos períodos. Meia hora de atividade me deixava cansada e sem fôlego. Estava perdendo peso rápido e tinha uma febre baixa permanente.

– Você acha que meu estado ainda pode melhorar neste estágio? – perguntei certo dia ao meu médico, logo depois de ele concluir uma tomografia rotineira em meu corpo, para avaliar a minha situação.

Ele desviou os olhos enquanto dizia:

– Vou chamar a enfermeira para ajudá-la a se vestir. – O que ele não me disse foi que queria falar com o Danny em particular.

– Praticamente não podemos fazer mais nada – disse o médico para ele, quando ficaram em segurança do lado de fora da sala. Ele olhou diretamente para meu marido e prosseguiu: – Na melhor das hipóteses, ela vai viver mais três meses. As últimas tomografias mostram que os tumores cresceram e se tornaram mais numerosos, e o câncer se espalhou bastante agressivamente pelo sistema linfático. É tarde demais até mesmo para a quimioterapia; o corpo dela não aguentaria a toxicidade neste estágio. Ela está tão fraca que qualquer tratamento agora apenas a enfraquecerá mais e a levará para mais perto da morte. Sinto muito.

Embora o Danny não tenha demonstrado sua preocupação e me revelado o que o médico disse naquela ocasião (ele me contou muitos meses depois), estava claro para mim que havia algo errado. Naquela época, ele quase não estava indo ao trabalho, mas, a partir do dia daquela visita ao médico, parou de trabalhar completamente. Ele parecia relutante em sair do meu lado, mesmo que por alguns momentos.

Certo dia, quando eu estava deitada, perguntei a ele: – Eu vou morrer?

– Todos vamos morrer um dia – respondeu ele.

– Eu sei disso, seu bobo – repliquei. – Quero dizer agora, por causa do câncer. E se eu morrer?

– Neste caso, eu vou buscar você e trazê-la de volta – respondeu ele suavemente, acariciando a minha cabeça.

Isso aconteceu mais ou menos seis semanas depois da última consulta com o médico. Agora, respirar se tornara uma tarefa realmente difícil, e um cilindro de oxigênio era meu companheiro permanente. Eu não podia me deitar completamente, precisando permanecer apoiada o tempo todo para não me afogar em meus próprios fluidos. Todas as vezes que eu tentava me deitar completamente, começava a tossir e tinha dificuldade para respirar, de modo que mudar de posição na cama se tornou uma tarefa impossível. Lesões se espalharam por todo meu corpo. Meu organismo tinha sido invadido por tantas toxinas, que minha pele foi forçada a se abrir e liberar os venenos que estavam dentro do corpo.

Muitas vezes eu acordava toda molhada de suor, com a roupa ensopada; os suores noturnos são um sintoma comum do linfoma. Não raro, toda a minha pele coçava, como se formigas estivessem avançando lentamente sobre meu corpo inteiro. Lembro-me de certa noite em que a coceira foi tão forte que, por mais que eu me coçasse, ela não passava. O Danny pegou cubos de gelo no congelador e os colocou em sacos plásticos, e esfregamos esses sacos com gelo nas minhas pernas, braços e no corpo, para aliviar a minha pele inflamada. Levou muito tempo, mas a coceira finalmente diminuiu.

Quase todas as nossas noites eram irrequietas, e a essa altura eu dependia totalmente do Danny para os meus cuidados. Ele antevia cada necessidade minha antes que ela surgisse. Fazia os curativos nas minhas feridas e me ajudava a lavar o cabelo. Embora eu me sentisse culpada por ele ter que passar os dias cuidando de mim dessa maneira, sabia que ele nunca agia por obrigação, dever ou responsabilidade. Tudo o que ele fazia emanava de um puro amor por mim.

Com o tempo, meu sistema digestório parou de absorver nutrientes dos alimentos que eu estava ingerindo, de modo que fiquei subnutrida. O Danny comprou os meus chocolates favoritos para fazer com que eu comesse, mas eu não tinha apetite. Eu não estava absorvendo nada do que conseguia engolir com dificuldade, e observei os meus músculos se desintegrarem, até que não pude mais andar. Minha mobilidade passou a depender, então, de uma cadeira de rodas. Meu corpo começou a consumir a proteína de minha própria carne para sobreviver, até que fiquei parecida com uma criança de pôster de uma nação atingida pela fome. Tornei-me um esqueleto do meu antigo eu, e tinha a impressão de que minha cabeça era um haltere de 150 quilos, que eu mal conseguia levantar do travesseiro.

Eu ainda estava indo e voltando do hospital, mas, sempre que ia até lá, queria deixar o local o mais rapidamente possível e voltar para casa. Achava essas instituições frias, impessoais e deprimentes, e elas pareciam me fazer sentir ainda mais doente do que eu já estava. Desse modo, contratamos uma enfermeira para ficar comigo durante o dia.

Tanto minha mãe quanto meu marido não saíram do meu lado durante esses dias, e o Danny ficava acordado comigo à noite. Ele queria se assegurar de que eu continuava a respirar, e queria estar presente para o caso de eu exalar meu último suspiro. Durante muitas noites eu não conseguia dormir por causa da tosse, de modo que sempre era grata pelo conforto da presença dele. Mas eu também estava intensamente consciente da dor dele, e isso tornava muito mais difícil, para mim, suportar a situação. Mesmo em meio a tudo isso, eu continuava a colocar uma fachada corajosa, e sempre garantia a todo mundo que não estava sentindo dor. Eu dizia que estava me sentindo muito bem, embora isso estivesse muito longe da verdade!

Ao mesmo tempo, também estava consciente da angústia da minha mãe. Sabia que nenhuma mãe deveria ver um filho partir antes dela, e muito menos presenciar a lenta e dolorosa desintegração dele.

Na manhã do dia 1º de fevereiro de 2006, eu estava me sentindo mais positiva do que de costume. Comecei efetivamente a perceber coisas à minha volta. O céu parecia mais azul do que o normal, e o mundo dava a impressão de ser um lugar bonito. Embora eu ainda estivesse presa à cadeira de rodas, e tivesse o cilindro de oxigênio como meu constante companheiro, fui trazida de volta da clínica para casa sentindo que era aceitável, agora, entregar os pontos, que tudo ficaria bem.

Lembro-me de ter pensado o seguinte: "O mundo não vai parar se eu não estiver nele. Não tenho nada com que me preocupar. Não entendo por que, mas estou me sentindo emocionalmente bem. Melhor do que vinha me sentindo há muito tempo".

Meu corpo estava dolorido, e minha respiração difícil e pesada, de modo que fui para a cama. Como estava sentindo dor no corpo inteiro e não conseguia dormir, a enfermeira administrou morfina pouco antes de ir embora, no final do dia, para que eu pudesse descansar um pouco. Mas alguma coisa estava diferente. Pude sentir que estava relaxando e abandonando o esteio com o qual eu estivera me agarrando à vida. Todo aquele tempo era como se eu tivesse estado pendurada na borda de um despenhadeiro. Eu estivera travando uma batalha renhida, lutando para continuar. Finalmente, eu estava pronta para soltar tudo a que estivera me agarrando com tanta força. Eu me senti mergulhar em um sono profundo.

Na manhã seguinte, 2 de fevereiro, não abri os olhos. Aparentemente, meu rosto estava excessivamente inchado. Meus braços, pernas, mãos e pés também estavam. O Danny olhou para mim e telefonou para o médico, que o instruiu a me levar às pressas para o hospital.

Eu estava prestes a encerrar a minha batalha contra o câncer.

PARTE

II

Minha jornada para a morte... e o retorno

CAPÍTULO 7

Deixando o mundo para trás

Enquanto eu era levada às pressas para o hospital, o mundo à minha volta começou a parecer surreal, como se fosse um sonho, e eu conseguia sentir que estava me afastando cada vez mais da consciência. Cheguei ao hospital em coma, para descobrir que os médicos estavam sombrios – ou até mesmo desesperançados – quanto às minhas chances. Esse não era o mesmo lugar para onde eu costumava ir para meus tratamentos durante toda a doença. O estabelecimento que eu frequentara ao longo dos últimos anos era mais uma grande clínica do que um hospital completo. Ele fora adequado para o que o meu médico prescrevera no passado, mas não estava equipado para lidar com emergências médicas. Fora a minha escolha o tempo todo ser tratada na instituição menor do bairro, porque ela era menos intimidante – e eu simplesmente odiava os hospitais. Eu tinha medo deles por causa das duas pessoas que eu havia perdido. A minha melhor amiga e o cunhado do Danny morreram em hospitais grandes, especializados em câncer.

Mas, quando o Danny telefonou para a clínica na manhã em que entrei em coma, meu médico lhe disse que me levasse às pressas para um dos maiores e mais bem equipados hospitais de Hong Kong, onde o médico teria uma equipe de especialistas esperando por mim. Assim, era a primeira vez que eu estava nesse lugar e a primeira vez que estava sendo tratada por essa equipe médica particular.

No momento em que a oncologista me viu, a expressão no rosto dela era de choque.

– O coração da sua mulher pode ainda estar batendo – disse ela ao meu marido, Danny –, mas ela não está realmente presente. É tarde demais para salvá-la.

"A respeito de quem a médica está falando?" – perguntei aos meus botões. "Nunca me senti melhor em minha vida! E por que a mamãe e o Danny parecem tão assustados e preocupados? Mamãe, por favor, não chore. O que está errado? Você está chorando por minha causa? Não chore! Estou bem, mesmo, querida Mama, estou bem!"

Pensei que estivesse falando essas palavras em voz alta, mas não emiti nenhum som. Eu estava sem voz.

Queria abraçar minha mãe, consolá-la e dizer a ela que eu estava bem, e não conseguia compreender por que não conseguia fazer isso. Por que meu corpo físico não estava cooperando? Por que eu estava simplesmente deitada ali, inerte e sem vida, quando tudo o que queria fazer era abraçar meu amado marido e minha querida mãe, assegurando-lhes que eu estava bem e que não estava mais sentindo dor?

Por causa da gravidade da situação, a médica chamou imediatamente outro oncologista sênior para respaldá-la. Nesse estado de quase morte, eu estava mais intensamente consciente de tudo o que estava acontecendo à minha volta do que jamais estivera em um estado físico normal. Eu não estava usando os meus cinco sentidos biológicos, mas estava assimilando tudo intensamente, muito mais do que se estivesse usando meus órgãos físicos. Era como se um outro tipo de percepção, completamente diferente, tivesse entrado em ação, e, mais do que apenas *perceber*, eu parecia também abarcar tudo o que estava acontecendo, como se estivesse lentamente *me fundindo* com tudo.

O oncologista sênior determinou, imediatamente, que minha maca fosse conduzida ao laboratório de radiologia, para que pudessem fazer uma tomografia computadorizada do corpo inteiro. Reparei que minha cabeça ainda estava levantada, apoiada por travesseiros, como quando eu estava em casa nos dias anteriores. Isso era porque, como descrevi antes, meu pulmão ficava tão cheio de líquido, quando a minha cabeça ficava na horizontal, que eu me sufocaria em meus próprios fluidos.

Ainda estava conectada ao cilindro de oxigênio portátil, e, quando cheguei ao laboratório de radiologia, eles removeram a máscara do meu rosto, me levantaram e me colocaram no aparelho de ressonância magnética. Em poucos segundos, comecei a ficar sufocada, a tossir e a expelir saliva.

– Por favor, não removam o oxigênio; ela não pode se deitar na horizontal! Por favor, ela está sufocando! Não consegue respirar! Ela vai morrer se vocês fizerem isso! – ouvi o Danny gritar para a equipe médica.

– Nós realmente precisamos fazer isso – explicou um dos radiologistas. – Por favor, não se preocupe. Seremos extremamente delicados com ela. Ela consegue ficar cerca de 30 segundos sem o oxigênio de cada vez.

Sendo assim, o radiologista me retirou da cápsula da ressonância magnética a cada trinta ou quarenta segundos, para colocar a máscara de oxigênio sobre o meu rosto, em seguida a removia e me colocava novamente dentro da cápsula. Em decorrência disso, o exame demorou muito tempo para ser concluído. Quando terminaram, eles me levaram para a unidade de tratamento intensivo (UTI).

Os membros da equipe médica tomaram as medidas possíveis, estimulados pela insistência do meu marido de que eles não podiam desistir de mim. Em poucos minutos, eu estava na UTI, enquanto a equipe administrava tratamentos através de agulhas e tubos, e a minha impotente família observava.

Uma cortina pesada foi então puxada ao redor da minha cama, separando-me dos outros pacientes que estavam nos leitos ao lado. O Danny e minha mãe ficaram fora do cubículo criado pela cortina.

Reparei que os enfermeiros ainda estavam correndo de um lado para o outro, preparando-se para ligar meu corpo quase sem vida ao oxigênio do hospital e a outros aparelhos, para começar um fluxo intravenoso de fluidos e glicose, já que eu estava seriamente subnutrida. Havia um monitor acima da minha cama, e começaram a me conectar a ele para que pudessem medir minha pressão arterial e meu ritmo cardíaco. Um tubo alimentar foi inserido pelo meu nariz, descendo por minha garganta e indo até o estômago, para que eu pudesse ser alimentada diretamente, e o oxigênio estava sendo bombeado através do meu nariz por meio de um respirador. Eles tiveram dificuldade em inserir o tubo alimentar e deslizá-lo pela traqueia, de modo que borrifaram alguma coisa para entorpecer os músculos, e depois conseguiram empurrar o tubo com mais facilidade.

Eu sabia quando as pessoas vinham me ver, quem elas eram e o que estavam fazendo. Embora meus olhos físicos estivessem fechados, eu parecia estar intensamente consciente de cada minúsculo detalhe do que estava acontecendo à minha volta e além. A nitidez da minha percepção estava ainda mais intensa do que se eu estivesse desperta e usando meus sentidos físicos. Eu parecia saber e entender tudo – não apenas o que estava acontecendo à minha volta, mas também o que todo mundo estava sentindo, como se eu fosse capaz de ver e sentir cada pessoa. Podia sentir os receios delas, a desesperança e a resignação diante da minha situação.

"O Danny e a mamãe parecem tão tristes e assustados. Eu gostaria que eles pudessem saber que não estou mais sentindo dor – eu gostaria de poder dizer isso a eles. Mamãe, por favor, não chore! Estou bem! Estou aqui! Estou com você agora!"

Eu estava plenamente consciente do que estava acontecendo à minha volta. Embora tudo parecesse estar acontecendo ao mesmo tempo, aquilo em que eu me concentrava se tornava claro naquele momento.

– Não consigo achar as veias dela! – ouvi um dos enfermeiros dizendo para o médico de plantão. Havia medo naquela voz. – Elas se retraíram completamente. Olhe para os membros dela! Não há carne neles. O corpo deixou de absorver nutrição há algum tempo. – Eu me lembro claramente de que essa voz era masculina; era um enfermeiro.

"Ele parece tão desesperançado", pensei. "Ele está pronto para desistir de mim, e não o culpo."

– Os pulmões dela estão cheios de líquido. Ela está se afogando em seu próprio fluido. Vou ter que extraí-lo do pulmão para que ela possa, pelo menos, começar a respirar com mais facilidade. – Quem falou isso foi o oncologista sênior. Observei enquanto eles trabalhavam com grande determinação em meu corpo inerte, uma forma que parecia pequena demais para comportar a maneira como eu estava me sentindo com relação a mim mesma naquele momento.

Embora a equipe médica se movimentasse com muita rapidez, e houvesse um sentimento de urgência em suas ações, eu também sentia um ar de aceitação, como se eles tivessem se conformado com o fato de que era tarde demais para mudar meu destino. Eu estava extremamente consciente de cada detalhe, mas não conseguia sentir fisicamente nada – nada, ou seja, a não ser uma liberação e um nível de liberdade que nunca conhecera antes.

"Uau, isso é incrível! Eu me sinto tão livre e tão leve! O que está acontecendo? Nunca me senti tão bem! Não há mais tubos, nenhuma cadeira de rodas. Posso me deslocar livremente agora, sem nenhuma ajuda! E a minha respiração não está mais forçada – é realmente incrível!"

Não senti nenhum apego emocional ao meu corpo aparentemente sem vida, que estava deitado na cama do hospital. Não tinha a impressão de que ele fosse meu. Ele parecia pequeno e insignificante para ter abrigado o que eu estava vivenciando. Eu estava me sentindo livre, liberada e magnífica. Toda dor, incômodo, tristeza e pesar haviam desaparecido! Eu me sentia completamente desimpedida. Não conseguia me lembrar de alguma vez ter me sentido dessa maneira.

Era como se eu tivesse sido prisioneira do meu próprio corpo nos quatro anos anteriores, enquanto o câncer devastava a minha forma física, e finalmente estivesse sendo liberada. Pela primeira vez, estava sentindo o gosto da liberdade! Comecei a me sentir sem peso e a me conscientizar de que era capaz de estar em qualquer lugar a qualquer hora... e isso não parecia incomum. Parecia normal, como se fosse a verdadeira maneira de perceber as coisas. Eu nem mesmo achava estranho o fato de estar consciente do que meu marido e o médico estavam conversando do lado de fora da UTI, a cerca de 12 metros de distância, no corredor.

– Não há nada que possamos fazer por sua esposa, Sr. Moorjani. Os órgãos dela já pararam de funcionar. Ela tem tumores do tamanho de limões em todo o sistema linfático, da base do crânio à parte inferior do abdômen. O cérebro dela está cheio de fluido, bem como os pulmões. A pele desenvolveu lesões que estão exsudando toxinas. Ela não vai passar desta noite – declarou o homem para o Danny. Eu nunca tinha visto esse médico antes.

Eu vi o rosto do Danny ficar angustiado, e quis gritar para ele: "Está tudo bem, querido, eu estou bem! Por favor, não se preocupe. Não dê atenção ao médico. O que ele está dizendo não é verdade!". Mas não consegui. Minha voz não saiu. Ele não podia me ouvir.

– Não quero perder a minha mulher. Não estou pronto para isso – declarou o Danny.

Embora eu não sentisse nenhum apego ao meu corpo, senti que as minhas emoções estavam sendo profundamente influenciadas pelo drama que estava se desenrolando em volta da minha forma inerte. Mais do que tudo, eu queria aliviar o Danny do profundo desespero que ele estava sentindo diante da ideia de me perder.

"Querido, você consegue me ouvir? Por favor, escute! Quero que você saiba que eu estou bem!"

Tão logo comecei a me envolver emocionalmente com o drama que estava ocorrendo à minha volta, também me senti simultaneamente sendo afastada, como se houvesse uma realidade mais ampla, um plano mais grandioso, que estivesse se desenvolvendo. Pude sentir meu apego retroceder enquanto começava a entender que tudo era perfeito e estava acontecendo de acordo com o plano.

Enquanto as minhas emoções estavam sendo afastadas do meu ambiente imediato, comecei a me dar conta de que estava continuando a me expandir e a preencher cada espaço, até não haver mais nenhuma separação entre mim e tudo o mais. Eu abarquei – não, *eu me tornei* – tudo e todos. Eu estava plenamente consciente de cada palavra da conversa que estava se desenrolando entre minha família e os médicos, embora isso estivesse fisicamente acontecendo a uma certa distância, fora do meu quarto. Percebi a expressão assustada no rosto do meu marido e pude sentir o medo dele. Era como se, naquele instante, eu tivesse me tornado ele.

Simultaneamente, embora eu não tivesse sabido disso anteriormente, tomei consciência de que meu irmão, o Anoop, estava a milhares de quilômetros de distância em um avião, vindo ansioso ao meu encontro. Quando vi sua fisionomia preocupada, eu me senti novamente atraída de volta para o drama emocional da esfera física.

"Oh, uau, lá está o Anoop! Ele está em um avião. Por que ele parece tão ansioso? Acho que está vindo para Hong Kong para me ver!"

Lembro-me de ter *sentido* a sensação de urgência dele de chegar até mim. Senti um ímpeto de emoção por ele.

"Oh, pobre Anoop. Ele está preocupado comigo, e quer chegar aqui antes que eu morra. Não se preocupe, Anoop. Estarei aqui esperando por você. Você não precisa se apressar! Não estou mais sentindo dor, querido irmão!"

Eu queria entrar em contato com ele, abraçá-lo e garantir que eu estava bem, e não conseguia entender por que não estava conseguindo fazer isso.

"Estou aqui, meu irmão!"

Lembro-me de que não queria que meu corpo físico estivesse morto quando ele chegasse. Eu tinha consciência de como ele se sentiria, e não desejava que ele passasse por isso.

No entanto, uma vez mais, quando minha afeição por meu irmão começava a assumir o controle e eu era esmagada pelo sentimento de não desejar que ele sentisse a dor da morte de sua irmãzinha, eu dava comigo sendo simultaneamente afastada. Sempre que minhas emoções dominavam a situação, eu me via começando a me expandir de novo, e sentia que estava me liberando de todo apego. Uma vez mais, eu me via cercada pelo sentimento reconfortante de uma tapeçaria mais ampla se desenvolvendo, na qual tudo era como deveria ser no grandioso plano das coisas.

QUANTO MAIS PARA FORA EU ME EXPANDIA, menos eu sentia que era incomum estar nesse estado milagroso; na realidade, não o percebia como sendo de modo nenhum algo fora do costumeiro. Tudo me parecia perfeitamente natural na ocasião. Eu permanecia totalmente consciente de todos os detalhes do procedimento que me estava sendo administrado, embora para o mundo exterior eu parecesse estar em coma.

Continuei a sentir que estava me expandindo cada vez mais para fora, afastando-me do meu ambiente físico. Era como se não estivesse mais restrita pelos limites do espaço e do tempo, e continuasse a me espalhar para ocupar uma extensão maior de consciência. Experimentei uma sensação de liberdade e liberação que nunca vivenciara antes em minha vida física. Só consigo descrever isso como a combinação de um sentimento de alegria misturado com um generoso borrifo de júbilo e felicidade. Isso brotava do fato de eu estar sendo liberada do meu corpo doente e agonizante, um sentimento de jubilosa emancipação de toda a dor que minha doença havia me causado.

Enquanto continuava a mergulhar cada vez mais profundamente na outra esfera, expandindo-me para fora, tornando-me tudo e todos, senti todo meu apego emocional a meus entes queridos e a meu ambiente gradualmente desaparecer. O que só posso descrever como um esplêndido e glorioso amor incondicional me circundou, envolvendo-me com força à medida que eu continuava a me entregar. Na verdade, o termo *amor incondicional* não faz justiça ao sentimento, já que essas palavras têm sido usadas em excesso, a ponto de perder a intensidade. Mas a batalha física que eu travara durante tanto tempo finalmente relaxara seu forte domínio sobre mim, e eu estava tendo uma bela experiência de liberdade.

Eu não tinha a sensação de ter ido *fisicamente* para outro lugar – era mais como se tivesse *despertado*. Talvez eu, finalmente, tivesse acordado de um pesadelo. Minha alma estava finalmente alcançando a sua verdadeira magnificência! E, ao fazer isso, ela estava se expandindo além do meu corpo e deste mundo físico. Ela se estendia cada vez mais para fora, até abranger não apenas esta existência, mas continuava a se expandir em outra esfera, que estava além deste tempo e espaço, e ao mesmo tempo o incluía.

Amor, alegria, êxtase e admiração se derramavam em mim, através de mim, e isso me engolia. Fui absorvida e envolvida por um amor maior do que eu jamais imaginara existir. Eu me sentia mais livre e viva do que nunca. Como já descrevi, de repente *sabia* de coisas que não eram fisicamente possíveis, como as conversas entre a equipe médica e a minha família, que estavam acontecendo em um lugar distante da minha cama no hospital.

As sensações esmagadoras estavam em uma esfera própria, e não existem palavras que possam descrevê-las. O sentimento de *amor* puro e incondicional era diferente de tudo o que eu já conhecera. Irrestrito e imparcial... era totalmente não discriminatório, como se eu não tivesse que fazer nada para merecê-lo, e tampouco precisasse demonstrar meu valor para conquistá-lo.

Para meu assombro, conscientizei-me da presença do meu pai, que tinha morrido dez anos antes, e sentir que ele estava comigo me proporcionou um nível inacreditável de conforto.

"– Pai, você está aqui! Não consigo acreditar!"

Eu não estava pronunciando essas palavras. Eu estava apenas pensando nelas; na realidade, era mais como se eu estivesse sentindo as emoções por trás das palavras, como se a única forma de comunicação naquela esfera fosse por meio de nossas emoções.

"– Sim, estou aqui, minha querida, e sempre estive, para você e para toda a nossa família!" – meu pai me comunicou. Uma vez mais, não houve palavras, apenas emoções, mas eu claramente entendi tudo.

E, em seguida, reconheci a essência da minha melhor amiga, a Soni, que tinha morrido de câncer três anos antes. Senti o que só consigo descrever como entusiasmo quando a presença deles me envolveu como um abraço caloroso, e me senti confortada. Eu parecia *saber* que eles tinham estado ao meu redor por algum tempo, muito antes de me conscientizar deles, durante toda minha doença.

Também me conscientizei de outros seres à minha volta. Não os reconheci, mas sabia que eles me amavam muito e estavam me protegendo. Compreendi que estavam ali o tempo todo, envolvendo-me com muito amor, mesmo quando eu não estava consciente disso.

Foi tremendamente confortante para mim me reunir à essência da Soni, porque eu havia sentido muita falta dela nos anos que tinham transcorrido desde que ela partira. Eu só sentia amor incondicional, tanto dela quanto para ela. E então, enquanto vivenciava isso, foi como se a minha essência se fundisse com a da Soni e eu *me tornei* ela. Compreendi que ela estava aqui, lá e em toda parte. Ela podia estar em todos os lugares e em todas as ocasiões, para todos os seus entes queridos.

Embora eu não estivesse mais usando os meus cinco sentidos físicos, minha percepção era ilimitada, como se um novo sentido tivesse se tornado disponível, sentido esse que era mais intenso do que qualquer uma de nossas faculdades usuais. Eu tinha uma visão periférica de 360 graus, com uma consciência total do meu ambiente. E, por mais incrível que possa parecer, isso parecia quase normal. Estar em um corpo parecia agora limitante.

O tempo também parecia diferente naquela esfera, e eu sentia todos os momentos ao mesmo tempo. Eu estava consciente de *tudo* o que me dizia respeito – passado, presente e futuro – simultaneamente. Tomei consciência do que pareceram ser vidas simultâneas sendo representadas. Eu parecia ter um irmão mais novo em uma encarnação, e o protegia. Mas eu sabia que a essência desse irmão era a mesma do Anoop, só que, naquela existência, ele era mais novo em vez de mais velho do que eu. Essa vida com o Anoop que eu estava agora percebendo parecia ocorrer em um ambiente rural pouco desenvolvido, cuja época e local não consegui identificar. Morávamos em uma cabana de barro escassamente mobiliada, e eu cuidava do Anoop enquanto os nossos pais saíam para trabalhar nos campos.

Enquanto eu experimentava as sensações associadas com ser uma irmã mais velha protetora, garantindo que houvesse comida suficiente para comermos e que estivéssemos a salvo de elementos externos indesejáveis, eu não sentia que ela fosse uma vida *passada*. Embora a cena parecesse histórica, naquela esfera, eu ainda tinha a impressão de que ela estava acontecendo aqui e agora.

Em outras palavras, o tempo não transcorria linearmente, da maneira como o vivenciamos aqui. Era como se a nossa mente terrena transformasse o que acontece à nossa volta em uma sequência; mas, na realidade, quando não estamos nos expressando através do nosso corpo, tudo ocorre simultaneamente, seja passado, presente ou futuro.

Embora ser capaz de perceber, simultaneamente, todos os pontos do tempo contribuísse para a atmosfera de clareza naquela esfera, recordar e escrever a respeito disso cria confusão. A sequência não é óbvia quando o tempo linear não existe, fazendo com que a tentativa de descrevê-la pareça ineficaz.

Parece que os nossos cinco sentidos nos restringem a focalizar um único ponto no tempo, em qualquer momento considerado, e nós os encadeamos para criar uma ilusão de realidade linear. Nossa condição física também limita nossa percepção do espaço ao redor, restringindo-nos apenas ao que nossos olhos e ouvidos conseguem ver e ouvir, ou ao que podemos tocar, cheirar ou provar. No entanto, sem as limitações do meu corpo, eu assimilava todos os pontos do tempo e do espaço que me diziam respeito, todos ao mesmo tempo.

MINHA PERCEPÇÃO INTENSIFICADA NAQUELA ESFERA expandida era indescritível, apesar de eu me esforçar ao máximo para explicá-la. A clareza era incrível.

"O universo faz sentido!", compreendi. "Finalmente eu entendo – eu sei por que estou com câncer!" Eu estava envolvida demais com a maravilha daquele momento para me concentrar na causa, embora logo fosse examiná-la mais de perto. Eu também parecia entender por que viera originalmente para esta vida – eu conhecia meu verdadeiro propósito.

"Por que, de repente, estou entendendo tudo isso?", eu queria saber. "Quem está me dando essas informações? É Deus? Krishna? Buda? Jesus?" E assim fui tomada pela compreensão de que Deus não é um *ser*, e sim um *estado de existência*... e eu era agora esse estado de existência!

Vi minha vida intricadamente entrelaçada com tudo o que eu conhecera até então. A minha experiência era como um único fio, tecido através das enormes imagens, complexamente coloridas, de uma tapeçaria infinita. Todos os outros fios e cores representavam meus relacionamentos, inclusive todas as vidas que eu tocara. Havia fios representando minha mãe, meu pai, meu irmão, meu marido e todas as outras pessoas que tinham entrado em minha vida, quer elas tivessem se relacionado comigo de uma maneira positiva ou negativa.

"Nossa, há até mesmo um fio para Billy, que me intimidou quando eu era criança!"

Cada encontro foi tecido para criar a trama que era a soma da minha vida até esse ponto. Eu posso ter sido apenas um fio, mas era uma parte essencial da representação global final.

Vendo isso, compreendi que devia a mim mesma, a todo mundo que eu conhecia, e à própria vida, ser sempre uma expressão da minha essência única. Tentar ser qualquer outra coisa ou outra pessoa não me tornava melhor – apenas me despojava do meu verdadeiro eu! Impedia que outros tivessem a vivência de quem eu sou, e me privava de interagir autenticamente com eles. Deixar de ser autêntica também priva o universo de mim e do que eu vim expressar.

Nesse estado de clareza, também compreendi que não sou quem eu sempre pensei ser: "Aqui estou eu sem meu corpo, raça, cultura, religião ou convicções... e, no entanto, continuo a existir! O que eu sou então? Quem sou eu? Certamente não me sinto de modo algum reduzida, ou menor. Pelo contrário, nunca fui tão enorme, poderosa ou superabrangente. Uau, nunca, jamais, me senti desta maneira!".

Ali estava eu, sem meu corpo ou qualquer uma das minhas características físicas, mas minha essência pura continuava a existir, e isso *não* era um elemento reduzido do meu eu completo. Na realidade, isso era bem maior e bem mais intenso e expansivo do que meu ser físico – magnificente, na verdade. Eu me sentia eterna, como se sempre tivesse existido e sempre fosse existir sem começo ou fim. Eu estava repleta do conhecimento de que eu era, simplesmente, magnífica!

"Como nunca reparei nisso a meu respeito antes?", eu me perguntei.

Quando examinei a grande tapeçaria que era o conjunto da minha vida até aquele ponto, fui capaz de identificar exatamente o que tinha me trazido para onde eu estava agora.

"Olhe para a trajetória da minha vida! Por que, oh! por que eu sempre fui tão implacável comigo mesma? Por que estava sempre me criticando? Por que estava sempre me abandonando? Por que nunca defendia meus interesses e mostrava ao mundo a beleza da minha alma?

"Por que eu estava sempre refreando minha inteligência e criatividade, para agradar aos outros? Eu traía a mim mesma todas as vezes que dizia sim quando queria dizer não! Por que eu me violentava buscando sempre a aprovação dos outros apenas para ser eu mesma? Por que não segui meu belo coração e não falei a minha verdade?

"Por que não compreendemos isso quando estamos em nosso corpo físico? Por que eu nunca soube que não devemos ser tão duros com nós mesmos?"

Eu ainda me sentia completamente envolvida em um mar de amor e aceitação incondicionais. Fui capaz de olhar para mim mesma com novos olhos, e vi que eu era um belo ser do Universo. Compreendi que o simples fato de existir me tornava digna dessa afetuosa consideração, em vez de um julgamento. Não precisava fazer nada específico; merecia ser amada simplesmente porque existia, nada mais e nada menos.

Essa foi uma constatação bastante surpreendente para mim, porque sempre achei que precisava me esforçar para ser benquista. Eu acreditava que, de algum modo, tinha que ser meritória e digna de ser apreciada, de modo que era incrível compreender que esse não era o caso. Sou amada incondicionalmente, simplesmente porque existo.

Eu me transformei em uma clareza inimaginável quando compreendi que essa essência expandida e magnífica era realmente eu. Ela era a verdade do meu ser. O entendimento era extremamente claro: eu estava contemplando um novo paradigma do eu, estava me tornando a luz cristalina da minha própria percepção. Nada interferia com o fluxo, a glória e a surpreendente beleza de tudo o que estava acontecendo.

Eu me conscientizei de que estamos todos interligados. Não estou me referindo apenas a todas as pessoas e criaturas vivas; a unificação entrelaçada dava a impressão de estar se expandindo para incluir *tudo* no universo – cada ser humano, animal, planta, inseto, montanha, mar, objeto inanimado e o cosmos. Compreendi que o universo inteiro está vivo e impregnado com consciência, abrangendo toda a vida e da natureza. Tudo pertence a um Todo infinito. Eu estava intricadamente, inseparavelmente, enredada com toda a vida. Somos todos facetas dessa unidade – somos *todos* Um, e cada um de nós tem um efeito no Todo coletivo.

Eu sabia que a vida e o propósito do Danny estavam intricadamente ligados aos meus, e que, se eu morresse, ele logo me seguiria. Mas compreendi que, mesmo que isso acontecesse, tudo ainda seria perfeito na realidade mais ampla.

Também compreendi que o câncer não foi uma punição para algo que eu havia feito de errado, e que tampouco eu estava vivenciando um karma negativo em decorrência das minhas ações, como anteriormente acreditava. Era como se cada momento encerrasse infinitas possibilidades, e aquele ponto no tempo era o clímax de cada decisão, de cada escolha e de cada pensamento da minha vida inteira. Meus numerosos temores e meu grande poder tinham se manifestado como essa doença.

CAPÍTULO 8

Algo infinito e completamente fantástico

Embora eu tente compartilhar aqui minha experiência de quase morte, não existem palavras que possam descrever, nem de longe, sua profundidade e a quantidade de conhecimento que me invadiu. Sendo assim, a melhor maneira de expressá-la é utilizando metáforas e analogias. Espero, sinceramente, que, de alguma maneira, elas captem uma parte da essência do que estou tentando transmitir.

Imagine, por assim dizer, um depósito escuro. Você vive lá apenas com uma pequena lanterna de mão. Sempre que você quer procurar alguma coisa, pode ou não encontrá-la, mas isso não significa que a coisa não exista. Ela está lá, mas você apenas não irradiou a sua luz sobre ela. E, mesmo quando você faz isso, pode ser difícil discernir o objeto que você busca. Você pode ter uma ideia relativamente clara a respeito dele, mas em geral você fica em dúvida. Você só consegue ver aquilo que a sua luz focaliza, e identificar apenas o que já conhece.

A vida física é assim. Só nos conscientizamos daquilo que nossos sentidos focalizam em um determinado momento, e só conseguimos entender o que já é familiar.

Agora, imagine que um dia alguém liga um interruptor. Aí então, pela primeira vez, em uma repentina explosão de som, luminosidade e cor, você consegue enxergar o depósito inteiro, e ele não se parece com nada que você já tenha imaginado. Luzes piscam, cintilam, lampejam e emitem faíscas vermelhas, amarelas, azuis e verdes. Você vê cores que não consegue reconhecer, cores que você nunca viu antes. O local é invadido por melodias fantásticas, caleidoscópicas, e com um som envolvente que você nunca ouviu antes.

Letreiros de neon vibram e dançam numa estroboscopia multicolorida de cereja, limão, vermelho, uva, lavanda e ouro. Brinquedos elétricos correm nos trilhos para cima, para baixo, e em volta de prateleiras lotadas de indescritíveis caixas, embrulhos, papéis, lápis, tintas, latas de comida, embalagens de balas multicoloridas, garrafas de refrigerantes efervescentes, chocolates de todas as variedades possíveis, champanhe e vinhos de todos os cantos do mundo. Rojões explodem de repente, detonando flores cintilantes, cascatas de fogo frio, brasas sibilantes e animações luminosas.

A vastidão, complexidade, profundidade e amplitude de tudo que está acontecendo à sua volta é quase esmagadora. Você não consegue enxergar o limite do espaço, e sabe que há mais coisas do que consegue assimilar nessa torrente que está provocando seus sentidos e emoções. Mas você tem um forte sentimento de que é, na verdade, parte de uma coisa viva, infinita e completamente fantástica, que você é parte de uma grande tapeçaria em expansão, que vai além da visão e do som.

Percebe que o que você costumava pensar ser sua realidade, mal era, na verdade, uma partícula no vasto milagre que o cerca. Consegue ver como todas as várias partes estão interligadas, como elas interagem umas com as outras, como tudo se encaixa. Você percebe a existência de muitas coisas diferentes no depósito que nunca viu, nem mesmo sonhou que existisse em tal esplendor e magnificência de cor, som e textura – mas aqui estão elas, junto com tudo o que você já conhecia. E até mesmo os objetos de que você tinha consciência têm agora um contexto inteiramente novo, de modo que eles, também, parecem completamente diferentes e estranhamente super-reais.

Até mesmo quando o interruptor é desligado, nada pode levar embora o seu entendimento e clareza, o prodígio e a beleza, ou a fabulosa vitalidade da experiência. Nada jamais poderá anular seu conhecimento de tudo o que existe no depósito. Você está agora mais consciente das coisas que existem lá, de como ter acesso a elas, e do que é possível, do que você jamais foi com a sua pequena lanterna de mão. E você é deixado com um sentimento de assombro em relação a tudo o que vivenciou naqueles momentos ofuscantemente lúcidos. A vida adquiriu um significado diferente, e as novas experiências que você tem ao avançar são criadas a partir dessa conscientização.

Fiquei intrigada com meu recém-encontrado entendimento da outra esfera, desfrutando e explorando aquela consciência superabrangente. Enquanto vivenciava isso, eu me conscientizei de que tinha uma escolha a fazer.

Alcancei um ponto no qual senti de novo, fortemente, a presença confortante do meu pai ao meu lado, quase como se ele estivesse me abraçando.

"Papai, estou com a impressão de que cheguei em casa! Estou tão feliz por estar aqui. A vida é tão dolorosa!", eu disse a ele.

"Mas você sempre está em casa, querida", foi a comunicação que recebi dele. "Você sempre esteve, e sempre estará. Quero que se lembre disso."

Embora eu nem sempre tivesse sido próxima do meu pai em meus anos de crescimento, tudo o que eu conseguia sentir emanando dele agora era um amor glorioso e incondicional. Durante minha vida física com ele, eu não raro ficara frustrada com suas tentativas de me obrigar a me sujeitar às normas culturais indianas, como tentar me obrigar a casar com pouca idade e fazer com que eu me sentisse desajustada porque nem sempre era condescendente com o que ele queria. No entanto, nessa esfera, eu me conscientizei de que, sem as restrições físicas e os laços de todo o seu condicionamento e expectativas culturais, tudo o que ele tinha por mim era puro amor.

As pressões culturais que ele me impusera durante a vida tinham desaparecido, porque elas só faziam parte da existência física. Nada disso tinha importância depois da morte; esses valores não eram transportados para a vida futura. A única coisa que permanecia era a nossa conexão e o amor incondicional que sentíamos um pelo outro. Assim, pela primeira vez, eu efetivamente me senti apreciada e segura na presença do meu pai. A sensação era realmente incrível, como se eu, finalmente, tivesse chegado em casa!

Nossa comunicação não era verbal, e sim uma completa fusão de compreensão mútua. Não se tratava apenas de eu *entender* o meu pai; era como se eu tivesse *me tornado* ele. Eu estava consciente de que ele estivera com a família durante todo o tempo, desde que falecera. Ele estivera com minha mãe, apoiando-a e zelando por ela; e também estivera comigo durante meu casamento e minha doença.

Eu me conscientizei de que a essência do meu pai estava se comunicando mais diretamente comigo: "Querida, quero que você saiba que ainda não está na hora de vir para casa. Mas, mesmo assim, é você que precisa escolher se quer vir comigo ou voltar para seu corpo."

"Mas meu corpo está tão doente, esgotado e infestado pelo câncer!", foi o pensamento que imediatamente me invadiu. "Por que eu iria querer voltar para esse corpo? Ele só causou sofrimento – não apenas a mim, mas à mamãe e ao Danny também! Não consigo ver nenhum propósito em voltar."

Isso sem mencionar que o estado de amor incondicional era simplesmente tão jubiloso que eu não conseguia suportar a ideia de voltar. Eu queria ficar onde estava para sempre.

O que aconteceu em seguida é incrivelmente difícil de descrever. Primeiro, eu senti como se qualquer coisa para a qual eu dirigisse a atenção aparecesse diante de mim. Segundo, o tempo era completamente irrelevante. Não era nem mesmo um fator a ser considerado; era como se ele não existisse.

Antes desse momento, os médicos tinham realizado exames para verificar o funcionamento de meus órgãos e já tinham redigido o laudo. No entanto, naquela esfera, parecia que o resultado daqueles exames e o laudo dependiam da decisão que eu ainda tinha que tomar, ou seja, continuar a viver ou prosseguir em direção à morte. Se eu escolhesse a morte, os resultados do exame indicariam a falência dos órgãos. Se eu optasse por voltar à vida física, eles mostrariam os meus órgãos começando a funcionar novamente.

Naquele momento, decidi que não queria voltar. Eu me tornei consciente do meu corpo físico morrendo e vi os médicos falando com a minha família, explicando que a morte era causada pela falência dos órgãos.

Ao mesmo tempo, meu pai se comunicou comigo: "Você só pode vir até aqui, querida. Se avançar mais, não poderá voltar."

Eu me conscientizei de um limite diante de mim, embora a demarcação não fosse física. Era mais como um limiar invisível, marcado por uma variação nos níveis de energia. Eu sabia que, se o atravessasse, não poderia voltar. Todos os meus laços com o mundo físico seriam permanentemente rompidos; e, como eu havia visto, a minha família seria informada de que a minha morte era resultado da falência dos órgãos causada por um linfoma no estágio final.

O amor e a aceitação incondicionais eram incríveis, e eu queria cruzar o limiar a fim de continuar a vivenciá-los por toda a eternidade. Era como se eu estivesse envolvida na unicidade, na essência pura de cada ser e criatura vivos, sem a aflição, a dor, o drama e o ego deles.

Voltei à consciência para o espanto da minha família, atormentada diante da notícia da minha morte. Vi a cabeça do Danny enterrada em meu peito sem vida, segurando minha frágil mão. Seu corpo estava sendo sacudido por profundos e inconsoláveis soluços. Minha mãe estava ao meu lado, branca como cera, sem conseguir acreditar. E meu irmão, o Anoop, que acabara de entrar, estava em choque por não ter chegado a tempo.

No entanto, antes que eu me deixasse absorver pelo que estava acontecendo com minha existência física e minha família, dei comigo sendo puxada para longe das minhas emoções. Uma vez mais, fui cercada pelo sentimento reconfortante de uma história maior que estava se desenrolando. Eu sabia que, mesmo que decidisse não voltar, tudo estava exatamente como deveria estar na grandiosa tapeçaria da vida.

No momento em que tomei a decisão de prosseguir em direção à morte, eu me conscientizei de um novo nível de verdade.

Descobri que, como eu tinha compreendido quem eu realmente era e entendido a magnificência do meu verdadeiro eu, se escolhesse voltar para a vida, meu corpo rapidamente ficaria curado – não em meses ou semanas, mas sim em dias! Eu *sabia* que os médicos não conseguiriam encontrar um único vestígio do câncer se eu optasse por voltar para meu corpo!

"Como isso era possível?" Fiquei pasma com essa revelação e quis entender por quê.

Foi quando compreendi que meu corpo é apenas um reflexo do meu estado interior. Se o meu eu interior estivesse consciente de sua grandeza e conexão com Tudo-o-que-existe, meu corpo logo refletiria isso e ficaria rapidamente curado.

Embora eu sempre tivesse uma escolha, também discerni que havia algo mais... "Tenho a impressão de que tenho algum tipo de propósito para cumprir. Mas, qual é ele? Como posso descobri-lo?"

Percebi que não teria que sair por aí procurando o que eu deveria fazer; esse propósito se desdobraria diante de mim. Ele envolvia ajudar muitas pessoas – milhares de pessoas, talvez dezenas de milhares –, para compartilhar uma mensagem com elas. Mas eu não teria que sair em busca de nada ou me esforçar para descobrir como iria conseguir fazer isso. Simplesmente tinha que deixar as coisas acontecerem.

Para ter acesso a esse estado de abandono, a única coisa que eu teria que fazer era *ser eu mesma!* Compreendi que, todos aqueles anos, tudo o que eu *tinha* que ter feito era ser eu mesma, sem me criticar ou sentir que era defeituosa. Ao mesmo tempo, compreendi que o núcleo da nossa essência é puro amor. *Nós somos puro amor* – cada um de nós. Como podemos não sê-lo, se viemos do Todo e voltamos para ele? Eu soube que entender isso significava nunca sentir medo de quem nós somos. Por conseguinte, ser amor e ser o nosso verdadeiro eu é a mesma coisa!

Enquanto vivenciava minha maior descoberta, tive a impressão de ter sido atingida por um raio. Compreendi que, simplesmente, ao ser o amor que eu realmente sou, eu curaria a mim mesma e aos outros. Eu nunca havia entendido isso antes, e, no entanto, parecia muito óbvio. Se somos todos UM, todos facetas do mesmo Todo, que é o amor incondicional, então, é claro, *nós somos amor!* Eu sabia que esse era, na verdade, o único propósito da vida: ser o nosso eu, viver a nossa verdade e ser o amor que nós somos.

Como se para confirmar o que eu acabara de compreender, percebi que meu pai e a Soni estavam se comunicando comigo: "Agora que você conhece a verdade de quem você realmente é, volte e viva a sua vida destemidamente!".

CAPÍTULO 9

Realizando o milagre

Enquanto eu estava deitada na cama do hospital, mesmo antes de alguém informar ao meu irmão que eu estava em coma e nos estágios finais da minha vida, ele sentiu que alguma coisa estava errada. Anoop estava morando em Pune, na Índia, e alguma coisa o levou a entrar em contato com um agente de viagens e fazer uma reserva para Hong Kong. Ele teve uma sensação de urgência, de modo que pediu uma passagem para mais tarde, naquele mesmo dia. O agente lhe informou que os voos saindo de Pune estavam lotados, mas que havia lugares disponíveis em um que partiria de Mumbai. Anoop comprou o bilhete e alugou um carro para ir até Mumbai pegar o voo para Hong Kong.

Quando o Danny telefonou para a casa do meu irmão em Pune, para falar do meu estado e lhe dizer que viajasse o mais rápido possível, a minha cunhada, Mona, atendeu ao telefone e disse ao Danny que Anoop já estava a caminho.

Quando a Mona, que é budista, tomou conhecimento da gravidade do meu estado, ela organizou com urgência um grupo de companheiros budistas para entoar cânticos pela minha cura.

Nesse meio-tempo, aqui em Hong Kong, minha mãe estava andando de um lado para o outro no corredor do hospital, rezando, pedindo a Shiva pela minha vida. Ela estava se sentindo impotente, sem saber o que mais poderia fazer, de modo que se encaminhou para o templo hindu – o mesmo ao qual meus pais me levavam quando eu era criança. Ela subiu a larga escadaria da entrada, atravessou o pátio e entrou no salão principal de orações onde as grandes estátuas de tamanho natural de Krishna, Shiva e Ganesha, nos seus pedestais, guarneciam a parede da frente, pintadas e adornadas com cores brilhantes. Minha mãe cobriu a cabeça e se sentou diante das divindades com a cabeça levemente inclinada, falando com elas e extraindo conforto de sua presença.

Ao mesmo tempo, uma amiga íntima da família, chamada Linda, que é católica devota, organizou um grupo de orações em sua igreja. Ela descreveu a minha situação para o padre, e eles incluíram meu nome em uma oração.

Enquanto eu jazia em coma na cama, com tubos enfiados no nariz, na boca e nos braços, meu marido permanecia ao meu lado, sussurrando para mim para que eu soubesse que ele estava lá, me dizendo que voltasse para ele.

"Ainda temos muitas coisas para fazer juntos, minha querida", eu podia ouvir o Danny sussurrando. "Por favor, *por favor*, volte. Vou esperar aqui por você, mesmo que eu fique aqui por toda a vida."

Ele ficara acordado a noite inteira, observando todos os mostradores e medidores acima da minha cama, esperando, não querendo perder meu último suspiro, se isso fosse acontecer, desejando que eu voltasse.

"Meu querido Danny. Espero que você sempre saiba o quanto eu amo você." Dei comigo querendo me comunicar com ele. "Por favor, não se preocupe comigo. Estou bem. Eu gostaria de poder compartilhar com você o que sei agora. O corpo cuja mão você está segurando não é o meu verdadeiro eu. Sempre estaremos juntos, ligados através de todo o tempo e espaço. Nada pode nos separar. Mesmo que eu morra fisicamente, nunca nos separaremos. Tudo é perfeito, exatamente como está. Eu sei disso agora, e quero que você também saiba."

Depois, por volta das 4 horas da manhã, meu corpo começou, de repente, a sufocar. Eu estava engasgando, como se não conseguisse receber ar. O Danny entrou em pânico, achando que era meu último momento, e tocou o alarme de emergência. Os enfermeiros entraram às pressas e verificaram que, de fato, eu estava engasgando, e um deles chamou o médico. Depois, viraram meu corpo e começaram a me dar pancadas nas costas.

O médico levou cerca de vinte minutos para chegar, e disse ao Danny que meu pulmão estava cheio de líquido, e que eu estava engasgando com o meu próprio fluido. O médico mandou os enfermeiros trazerem um kit de derrame pleural. Depois que trouxeram o que parecia um saco transparente com uma longa agulha, ele inseriu a agulha em meu pulmão através das minhas costas, extraindo algum líquido, que escoou para o saco transparente. Ele repetiu o procedimento três ou quatro vezes, até que o saco pareceu conter quase um litro de líquido, quando então ele removeu a agulha. Eu ainda conseguia ver meu corpo, e ele estava respirando agora com mais facilidade.

Meu marido continuou ao lado da minha cama a manhã inteira e grande parte da tarde, observando todos os mostradores e medidores que estavam acima de mim e segurando minha mão.

Meu irmão chegou a Hong Kong à tarde e telefonou do aeroporto para o Danny, pelo telefone celular.

Danny disse para ele: – Não vá para casa levar a bagagem. Pegue um táxi e venha direto para o hospital. Não sabemos quanto tempo ainda temos – de modo que o Anoop veio direto para o hospital com as malas.

MEUS OLHOS COMEÇARAM A PISCAR E SE ABRIR POR VOLTA das 4 horas da tarde, e minha visão estava muito turva. Mal consegui enxergar que o contorno da figura debruçada sobre mim era do Danny, e em seguida ouvi a voz dele: – Ela voltou!

Ele parecia muito feliz. Era a tarde do dia 3 de fevereiro, cerca de trinta horas depois de eu ter entrado em coma.

Ouvi então a voz do meu irmão, e pude sentir que eu estava tentando sorrir.

– Ei, irmãzinha! Seja bem-vinda! – exclamou Anoop, visivelmente alegre.

– Você conseguiu! – exclamei. – Eu sabia que você estaria aqui. Eu vi você no avião.

Ele pareceu um pouco perplexo, mas descartou meu comentário. Minha família estava apenas feliz porque eu parecia estar recuperando os sentidos. Minha mãe também estava lá, sorrindo, enquanto segurava minha mão. Eu estava confusa, porque não me dei conta de que estivera em coma, e ainda não conseguia compreender completamente o que estava acontecendo ou entender que eu não estava mais na outra esfera.

Minha visão estava lentamente se tornando mais clara, e consegui distinguir a minha família com mais facilidade. Avistei a mala de Anoop logo atrás dele, encostada na parede.

O médico entrou no quarto e pareceu ao mesmo tempo surpreso e satisfeito em me ver acordada.

– Seja bem-vinda! Estávamos todos muito preocupados com você! – disse ele.

– É bom vê-lo de novo, Dr. Chan – respondi, um tanto grogue.

– Como você me reconheceu? – perguntou ele, demonstrando, obviamente, estar surpreso.

– Porque eu o vi – disse eu. – Não foi você que removeu o fluido do meu pulmão no meio da noite, porque eu estava tendo dificuldade para respirar?

Ele estava visivelmente intrigado enquanto dizia: – Foi, mas você estava em coma o tempo todo. Os seus olhos estavam fechados! – Ele tentou descartar o que eu havia dito, enquanto prosseguia. – Esta é realmente uma agradável surpresa! Eu não esperava vê-la acordada, mas vim para dar algumas boas notícias para sua família. Os resultados de seus exames da função do fígado e dos rins acabaram de sair e indicam que os órgãos estão começando a funcionar de novo. – Ele parecia muito satisfeito.

– Eu já sabia que eles estavam começando a funcionar – repliquei cansada, me sentindo confusa.

– Você não poderia ter sabido – garantiu pacientemente o Dr. Chan. – Isto foi inesperado. Agora, procure repousar – foram as instruções dele ao sair do quarto.

Minha família estava radiante, e todos pareciam muito alegres, como eu não via fazia muito tempo. Eles agradeceram profusamente ao médico pelas boas notícias enquanto ele saía do quarto.

Depois que o Dr. Chan foi embora, perguntei ao meu marido: – Por que ele ficou tão surpreso por eu tê-lo reconhecido? Eu o vi tratando de mim. Não foi ele o médico que disse para você que meus órgãos já tinham parado de funcionar, que eu não ia conseguir e que só tinha algumas horas de vida?

– Como você ouviu isso? – perguntou o Danny. – Ele não disse isso aqui no quarto. Tivemos essa conversa no corredor, a uns 15 metros de distância!

– Não sei como eu ouvi. E não entendo por que, mas eu já conhecia os resultados do exame da função dos meus órgãos, mesmo antes do médico entrar – afirmei.

Embora eu ainda estivesse muito grogue, estava se tornando evidente que alguma coisa decididamente havia acontecido dentro de mim.

No decorrer dos dias seguintes, fui capaz de, lentamente, contar para minha família o que acontecera na outra esfera, e também descrevi muitas das coisas que tinham ocorrido enquanto eu estava em coma. Fui capaz de repetir para minha família boquiaberta, quase textualmente, algumas das conversas que tinham ocorrido não apenas à minha volta, mas também do lado de fora do quarto, no corredor e nas áreas de espera do hospital. Consegui descrever muitos dos procedimentos a que eu fora submetida, e identificar os médicos e enfermeiros que os tinham executado, para surpresa de todos os presentes.

Eu disse à oncologista e a minha família que eu tinha tido dificuldade para respirar e começara a engasgar em meu próprio fluido no meio da noite, quando meu marido tocou o alarme de emergência. Contei como os enfermeiros chegaram e fizeram uma chamada telefônica de emergência para o médico, que veio às pressas enquanto todo mundo achava que eu estava dando meu último suspiro. Descrevi cada detalhe desse incidente, inclusive a hora em que ele terminou, para surpresa e choque de todos.

Eu até mesmo identifiquei a pessoa que entrara em pânico quando eu havia dado entrada no hospital. Eu disse para minha família: – Aquele é o enfermeiro que disse que todas as minhas veias tinham se retraído. Ele falou sem parar que os membros não tinham carne e que eu estava pele e osso, de modo que seria impossível encontrar uma veia para iniciar uma transfusão – na verdade, o tom de voz dele dava a entender que era inútil até mesmo tentar encontrar as minhas veias!

Meu irmão ficou irritado com essas informações e mais tarde admitiu que repreendera o homem, dizendo-lhe: – Minha irmã ouviu cada palavra que você disse quando não estava conseguindo encontrar as veias dela. Ela percebeu que você estava pronto para desistir dela.

– Eu não tinha a menor ideia de que ela pudesse me ouvir! Ela estava em coma! – O enfermeiro ficou ao mesmo tempo surpreso e chocado, e posteriormente pediu mil desculpas por sua insensibilidade.

DOIS DIAS DEPOIS DE EU TER SAÍDO DO ESTADO DE COMA, os médicos me informaram que, como meus órgãos haviam milagrosamente começado a funcionar de novo, a intumescência causada pela concentração tóxica tinha diminuído consideravelmente. Eu estava extremamente positiva e otimista, e pedi que os médicos removessem o tubo alimentar porque estava pronta para comer sozinha. Um de meus oncologistas protestou, alegando que eu estava muito subnutrida e meu corpo não estava absorvendo nutrientes. Mas eu insisti, afirmando que sabia estar pronta para ingerir alimentos – afinal de contas, meus órgãos estavam funcionando normalmente de novo. A médica concordou, relutante, acrescentando que, se eu não me alimentasse adequadamente, o tubo seria reintroduzido.

O tubo alimentar foi possivelmente o mais desagradável de tudo o que foi conectado ao meu corpo. Ele foi inserido através do nariz e se deslocou pela parte de trás da traqueia até o estômago. Proteína líquida era enviada através dele diretamente para meu sistema digestório. A presença do tubo deixava minha garganta ressecada, e a parte interna do meu nariz coçava e me incomodava. Eu estava impaciente para me livrar dele.

Depois que o tubo foi retirado, o médico sugeriu para minha família que o melhor alimento sólido para mim naquele momento era provavelmente sorvete. Ele não apenas aliviaria as lesões da garganta, como seria fácil para mim digeri-lo sem ter que fazer esforço para mastigar. Meus olhos se iluminaram diante da sugestão, e o Danny saiu para comprar um pote da minha marca favorita de sorvete de chocolate.

Quando o outro oncologista passou para me ver, em sua visita de rotina, não conseguiu esconder sua surpresa.

– Os seus tumores encolheram visivelmente, *consideravelmente*, em apenas três dias! – exclamou ele, incrédulo. – E o inchaço de todas as suas glândulas diminuiu quase para a metade do que era antes!

No dia seguinte, para meu enorme prazer, o tubo de oxigênio foi retirado. Os médicos me examinaram e perceberam que eu estava respirando sem ajuda, de modo que o removeram. Eu já estava me sentando na cama, embora minha cabeça tivesse que ser sustentada por travesseiros porque eu estava fraca demais para mantê-la ereta, mesmo que por pouco tempo. Eu ainda estava de ótimo humor, queria conversar com minha família, e estava especialmente animada por ver o Anoop e colocar nossa conversa em dia.

A essa altura, eu queria ouvir o meu iPod, e pedi ao Danny que fosse buscá-lo e o trouxesse para o hospital. Por causa de todos os tubos e fios que ainda estavam ligados a mim, além das lesões da pele em meu pescoço, eu não podia usar os fones de ouvido. Sendo assim, o Danny conectou um pequeno par de alto-falantes ao iPod para que eu pudesse ouvir minha música.

Devido ao meu estado eufórico, eu desejava ouvir continuamente melodias alegres, embora não tivesse força nos músculos nem mesmo para sair da cama, que dirá para dançar. Mas, em minha cabeça, eu estava dançando feliz, e a música contribuía para meu humor em êxtase. Na ocasião, eu nem mesmo entendia completamente por que estava me sentindo tão positiva; eu, simplesmente, sentia que *sabia* alguma coisa.

Eu me sentia como uma criança. Queria a minha música, queria tomar sorvete e conversar com os membros da minha família, ria o tempo todo e estava feliz. Não podia sair da cama ou me deslocar, mas tudo parecia perfeito, de uma maneira que eu nunca vivenciara antes.

Como eu ainda estava na UTI, os médicos chegaram à conclusão de que eu estava perturbando os outros pacientes que estavam gravemente doentes! Os familiares deles tinham começado a se queixar da música, do riso e do bate-papo que escapava do meu lado da cortina.

– Não sei o que pensar a seu respeito! – declarou o Dr. Chan quando veio me ver em uma de suas visitas matutinas de rotina. – Nem mesmo sei o que escrever em sua ficha. O seu caso é realmente extraordinário!

Sendo assim, em meu quinto dia de hospital, fui transferida para um quarto normal, em que tinha privacidade para ouvir minha música e rir o quanto quisesse!

LENTAMENTE – NA VERDADE MUITO LENTAMENTE – comecei a compreender o que havia acontecido. Quando minha mente se desanuviou e comecei a me lembrar dos detalhes do que tinha acontecido, dei comigo com vontade de chorar pelas mínimas coisas. Eu sentia um toque de tristeza por ter deixado para trás a incrível beleza e liberdade da outra esfera. Ao mesmo tempo, me sentia feliz e grata por estar de volta e reunida com minha família. Eu estava derramando simultaneamente lágrimas de arrependimento e alegria.

Além disso, me sentia ligada a todo mundo de uma maneira que nunca sentira antes – não apenas com todos os membros da minha família, mas com todos os enfermeiros, médicos e atendentes que entravam no quarto. Eu sentia uma efusão de amor por cada pessoa que vinha fazer qualquer coisa por mim, ou cuidar de mim de alguma maneira. Essa não era uma forma de afeição com a qual eu estivesse familiarizada. Eu me sentia como se estivesse ligada a eles em um nível profundo e soubesse tudo o que eles estavam sentindo e pensando, quase como se compartilhássemos a mesma mente.

Minha cama ficava perto da janela, e, pouco depois de eu ter sido transferida para o quarto, um dos enfermeiros me perguntou se eu gostaria de me sentar e olhar para fora. Ocorreu-me que fazia algum tempo que eu não via o mundo exterior, de modo que me senti animada com essa perspectiva e respondi: – Claro que gostaria!

O enfermeiro me apoiou, e, no momento em que olhei pela janela, meus olhos se encheram de lágrimas. Não pude deixar de chorar. Eu não havia me dado conta até aquele momento de que o hospital estava localizado a poucos quarteirões da casa onde eu morara na infância, no Happy Valley.

Como mencionei anteriormente, esse hospital não era o lugar para onde eu costumava ir para fazer meus tratamentos e transfusões de sangue nos anos anteriores, que parecia mais uma grande clínica do que um hospital completo. A primeira vez que vim a esse hospital foi no dia em que entrei em coma.

Portanto, ali estava eu, olhando praticamente para a mesma paisagem que via quando criança. Pude avistar o hipódromo na frente do prédio do hospital – e a linha de bonde na qual eu costumava andar com Ah Fong! Enquanto contemplava as cenas da minha infância com os olhos marejados, senti como se tivesse dado a volta completa.

"Oh, meu Deus, não consigo acreditar", pensei assombrada. "Veja os bondes, o parque, os prédios da minha infância. Que mensagem – estou tendo outra chance! Posso começar de novo."

Embora a vista me fosse familiar e o cenário corriqueiro, de alguma maneira o mundo parecia novo em folha. Todas as coisas pareciam viçosas, revigorantes e belas, como se eu as estivesse vendo pela primeira vez. As cores eram mais brilhantes do que as que eu havia conhecido, e eu estava reparando em cada detalhe como se fosse pela primeira vez. Olhei para os prédios em derredor, um dos quais era o edifício baixo no qual eu crescera; o parque do outro lado da rua, onde eu ia passear quando era pequena; os bondes e os carros passando; os pedestres passeando com os cachorros ou andando apressados, envolvidos com inúmeras atividades. Eu olhava para tudo com novos olhos, como se fosse novamente criança. O cenário não poderia ser mais comum, mas era o melhor que eu avistava em um longo tempo... talvez o melhor que eu já tinha visto.

CAPÍTULO 10

A prova da cura

Vários dias depois de eu ter saído da UTI, comecei a fazer fisioterapia para fortalecer os músculos. No primeiro dia em que consegui caminhar de um lado para o outro no quarto, uma enfermeira me levou até o banheiro para que eu pudesse me olhar no espelho. Quando vi meu reflexo esquelético, fiquei arrasada. Foi a primeira vez, depois de sair do estado de coma, que me senti desanimada.

Pedi à enfermeira que me deixasse sozinha por alguns minutos para que eu pudesse ter um pouco de privacidade. Continuei simplesmente a me olhar no espelho. Eu quase não conhecia a pessoa que estava olhando para mim – quase não consegui reconhecê-la. A maior parte do meu cabelo tinha caído em grandes tufos; meus olhos pareciam grandes demais para suas órbitas; as maçãs do rosto se projetavam excessivamente; e eu tinha um curativo na lateral do pescoço, debaixo do ouvido direito, que escondia uma enorme lesão aberta na pele. Permaneci com o olhar fixo na minha imagem, e comecei a chorar.

Não chorei por vaidade. Minha aparência física não parecia importante naquele momento. Em vez disso, senti a mesma profunda tristeza que qualquer pessoa sentiria se olhasse para alguém naquele estado. Senti tristeza aliada a uma profunda empatia. Pude ver naquela imagem – naquele rosto, naqueles olhos – os anos de dor que foram necessários para que eu chegasse aonde estava naquele dia, de pé, diante do espelho.

"Como pude me permitir passar por tanta angústia? Como pude causar toda essa dor a mim mesma?", indaguei, com grande pesar.

Sim, eu sentia como se tivesse feito aquilo a mim mesma. Levantei a mão na direção do espelho e, quando toquei a imagem do meu rosto chorando, prometi que nunca mais me magoaria tanto assim.

OS MÉDICOS ESTAVAM SENDO CAUTELOSOS COM RELAÇÃO a minha cura, particularmente por causa do estado em que eu estava quando dei entrada no hospital. Eles queriam ajustar a mistura e a dosagem da quimioterapia que estavam aplicando em mim – a qual, em um determinado momento, eu receara imensamente.

Fiquei observando enquanto os enfermeiros entravam no quarto para administrar a quimioterapia. Eles penduraram a bolsa com os medicamentos no suporte de soro. Cada bolsa, cujo conteúdo eles estavam enviando diretamente para minhas veias, tinha o rótulo "VENENO" em enormes letras vermelhas maiúsculas. Os enfermeiros usavam máscaras e luvas de látex para evitar que, acidentalmente, tivessem contato com alguma das poderosas substâncias químicas. Estranhamente, parecia aceitável que essas substâncias fossem introduzidas diretamente na minha corrente sanguínea.

Eu não precisava da quimioterapia. Os médicos a estavam administrando por suas próprias razões, não minhas, porque eu sabia que era invencível. Nada poderia me destruir, nem mesmo veneno injetado nas minhas veias – a coisa que eu mais temera durante tantos anos! Curiosamente, não sofri os efeitos colaterais normais. A equipe médica ficou muito surpresa por eu não ter sentido a náusea habitual associada ao tratamento.

Tive um sentimento de vitória. Eu havia superado tão completamente o medo de tudo – desde morrer de câncer à quimioterapia –, que isso provou para mim que fora o medo que estivera me destruindo. Eu sabia muito bem que, se isso tivesse acontecido antes da minha experiência na outra esfera, a mera visão da palavra *veneno* em letras vermelhas garrafais no rótulo de um medicamento que estava percorrendo as minhas veias, complementada por enfermeiros vestidos com um traje protetor para evitar a contaminação, teria me causado um medo suficiente para me matar. O simples medo psicológico teria acabado comigo, porque eu sabia como eu estava aterrorizada anteriormente.

No entanto, em vez disso, eu estava me sentindo invencível. Sabia que a decisão de voltar que eu tomara do outro lado neutralizara completamente qualquer coisa que estivesse acontecendo no mundo físico.

Os médicos queriam fazer um conjunto de exames para obter uma imagem mais precisa da minha situação naquele momento e ajustar a dosagem da quimioterapia de uma maneira correspondente. Concordei, relutante, principalmente porque sabia que eles precisavam dos exames mais do que eu, como prova de que eu estava curada, mas também em parte porque eu já sabia quais seriam os resultados. O fato de provar para mim mesma que estava certa me conferiria uma sensação de vitória. No entanto, os médicos achavam que eu ainda estava fraca demais para me submeter a muitos exames, de modo que decidiram distribuir os procedimentos ao longo de umas duas semanas, enquanto eu ia ficando mais forte. Eu estava pesando cerca de 40 quilos, e tinha que aumentar meus níveis de nutrição antes de fazer quaisquer exames que envolvessem pequenas cirurgias, já que qualquer necessidade de tratamento adicional poderia prejudicar as minhas reservas, que já estavam depauperadas.

As lesões na minha pele eram enormes feridas abertas, que estavam sendo limpas diariamente, com os curativos sendo trocados pela equipe de enfermagem. Como as lesões eram largas e profundas, os médicos achavam que não ficariam curadas sem intervenção. Meu corpo não tinha nem os nutrientes nem a força necessária para se recuperar de grandes lesões, de modo que um especialista em cirurgia reconstrutora foi chamado para avaliar a situação.

Ele confirmou que as feridas eram, de fato, grandes demais para se curar sozinhas, particularmente porque meu corpo não tinha os nutrientes necessários para respaldar o processo. No entanto, ele achou que eu ainda estava frágil demais para resistir a uma cirurgia de reconstrução, de modo que pediu que os enfermeiros continuassem a manter as lesões limpas e com os curativos, até que eu estivesse forte o bastante para a intervenção. Eu ainda quase não tinha músculos ou carne sobre os ossos.

CERCA DE SEIS DIAS DEPOIS DE TER SAÍDO DA UTI, comecei a me sentir um pouco mais forte e passei a andar de um lado para o outro no corredor do hospital, durante breves períodos antes de precisar descansar. Os médicos chegaram à conclusão de que o primeiro exame que eu estava forte o bastante para suportar seria uma biópsia da medula óssea. Trata-se de um procedimento muito doloroso, que consiste em inserir uma agulha grossa na base da coluna vertebral, para retirar medula óssea do osso.

É comum que o linfoma em um estágio avançado se espalhe por metástase para a medula óssea, de modo que os médicos estavam esperando ver isso confirmado nos resultados do meu exame. Eles pretendiam usar esses resultados para determinar que medicamentos iriam me administrar e qual seria a dosagem.

Lembro-me do dia em que saíram os resultados. O médico veio até o quarto com muitos membros da equipe do hospital, parecendo preocupado. Em seguida, ele disse o seguinte: – Temos os resultados da biópsia da medula óssea, mas eles são um pouco inquietantes.

Pela primeira vez, em dias, eu senti um pouco de ansiedade.

– Por quê? Qual é o problema?

A minha família estava no quarto do hospital comigo, e todos se mostraram preocupados.

– Não conseguimos encontrar o câncer na biópsia da medula óssea – declarou ele.

– Não estou entendendo. De que modo isso é um problema? – perguntou o Danny. – Isso simplesmente não significa que ela não tem câncer na medula óssea?

– Não, isso não é possível – retrucou o médico. – Ela definitivamente tem câncer no corpo, ele não pode simplesmente desaparecer tão rápido assim. Temos que encontrá-lo; e, enquanto não conseguirmos, é um problema, porque não poderei determinar a dose do medicamento dela.

Sendo assim, os médicos enviaram a amostra da minha medula óssea para um dos mais sofisticados laboratórios de patologia do país. Quatro dias depois, os resultados se revelaram negativos; não havia nenhum vestígio de câncer. Tive um sentimento avassalador de vitória ao ouvir a notícia.

Recusando-se a ser derrotados, os médicos quiseram, então, realizar uma biópsia do nódulo linfático, para encontrar o câncer. Inicialmente, meu recém-descoberto sentimento do eu me fez ter vontade de retaliar e dizer a eles: "Não, vocês não vão fazer mais exames, porque o corpo é meu, e eu já *sei* que vocês não vão encontrar *nada*!".

Entretanto, como os médicos continuavam a insistir, lembrando à minha família o estado em que eu me encontrava quando dera entrada no hospital poucos dias antes, decidi deixar que fossem em frente porque eu sabia muito bem que não encontrariam nada. Também compreendi que triunfar sobre cada exame médico que eles fizessem continuaria a me proporcionar uma sensação de vitória.

Eu, efetivamente, declarei para o médico: – Façam o que quiserem, mas saibam que estão fazendo isso para convencer a si mesmos. Eu já conheço os resultados!

Eles me deram mais alguns dias para me fortalecer um pouco mais para a biópsia do nodo linfático, que envolvia uma pequena cirurgia. Pouco antes do procedimento, fui enviada para o departamento de radiologia. O radiologista iria usar o equipamento de ultrassom para encontrar o maior nodo linfático e marcar o local em minha pele, para que o cirurgião pudesse fazer a incisão para a biópsia.

Enquanto eu estava deitada na mesa do laboratório de radiologia, reparei que meus exames anteriores, feitos no dia em que eu dera entrada no hospital, estavam afixados no negatoscópio, mostrando onde estavam todos os tumores. O radiologista viu, a partir desses exames, que meu pescoço estava cheio de glândulas e tumores intumescidos, de modo que deslizou o aparelho de ultrassom ao longo da minha nuca, subindo até a base do crânio. Em seguida, ele o deslocou pelas laterais do pescoço e, finalmente, desceu pela frente do pescoço. Notei que a dúvida e a perplexidade estavam tomando conta do seu rosto.

Ele foi verificar novamente os exames pendurados no negatoscópio, e depois voltou para onde eu estava deitada na mesa. Perguntou se poderia usar o ultrassom em minhas axilas. Eu disse que sim, mas, depois de examinar essa área, ele ainda parecia perplexo. Ele então passou o aparelho em meu peito, nas costas e no abdômen.

– Está tudo bem? – perguntei.

– Estou confuso – respondeu ele.

– Por quê? O que está errado? – Eu desconfiava do que estava acontecendo.

– Me dê licença um minutinho – respondeu ele.

O radiologista se encaminhou para um telefone próximo e falou com a minha oncologista.

– Não consigo entender. Tenho exames que mostram que o sistema linfático desta paciente estava infestado de câncer há duas semanas, mas agora não consigo encontrar um único nódulo linfático no corpo dela grande o bastante para, ao menos, sugerir a existência do câncer – eu o ouvi dizer.

Um sorriso irrompeu em meu rosto, e, quando ele voltou para a mesa, eu me sentei e disse: – Muito bem; imagino que possa ir embora agora, certo?

– Não tão rápido – respondeu ele. – A sua oncologista *insiste* em que eu encontre um nódulo linfático para a biópsia, porque é impossível que você não tenha câncer no corpo. O câncer simplesmente não desaparece assim. Desse modo, terei que identificar um nódulo em um local de fácil acesso, talvez em seu pescoço.

Ele marcou então um nódulo linfático em meu pescoço, embora ele não estivesse aumentado. Fui encaminhada para a cirurgia, e o cirurgião fez uma pequena incisão no lado esquerdo do meu pescoço para remover um dos meus nódulos linfáticos.

Como o procedimento foi feito com anestesia local, eu estava plenamente consciente. Realmente, não gostei das sensações desagradáveis que senti no pescoço quando o médico cortou o nodo linfático. Ainda me lembro do cheiro de pele queimada quando ele cauterizou a ferida. Pensei que, afinal de contas, ter concordado com que eles fizessem aquilo talvez não tivesse sido uma boa ideia!

No entanto, uma vez mais, os resultados mostraram que não havia nenhum vestígio de câncer.

Nesse ponto, eu realmente comecei a protestar contra a continuação dos exames e dos medicamentos, porque, bem no fundo, eu sabia, sem nenhuma sombra de dúvida, que estava curada. Eu também estava começando a ficar impaciente por estar confinada no hospital. Queria sair e começar a explorar o mundo novamente, especialmente porque sabia que iria ficar boa. Mas os médicos resistiram, insistindo em mais exames e mais medicamentos. Eles me lembraram do estado em que eu me encontrava ao dar entrada no hospital.

– Se vocês não conseguem encontrar nenhum câncer em meu corpo, por que tenho que fazer tudo isso? – perguntei.

– O fato de não conseguirmos encontrar o câncer não significa que ele não esteja presente. Não se esqueça de que você estava à beira da morte quando foi internada há duas semanas! – responderam eles.

Mas, finalmente, eles pediram uma tomografia por emissão de prótons do corpo inteiro (PET), e, quando os resultados mostraram que eu não tinha câncer, meu tratamento chegou ao fim.

Além disso, para assombro da equipe médica, as providências que eles tinham tomado para que o especialista em cirurgia de reconstrução fechasse as lesões em meu pescoço se revelaram desnecessárias, porque as feridas se curaram sozinhas.

No dia 9 de março de 2006, cinco semanas depois de eu ter dado entrada no hospital, tive alta e pude ir para casa. Fui capaz de andar sem ajuda, embora ainda precisasse de algum amparo para subir ou descer escadas.

Mas eu estava em um estado tão elevado de euforia que os médicos efetivamente escreveram em letras bem grandes na papeleta da minha alta: "A paciente teve alta para ir descansar em casa. Nada de compras ou festas, pelo menos durante seis semanas!".

Mas eu me recusei a obedecer! Uma semana depois, no dia do meu aniversário, 16 de março, fui jantar com minha família em meu restaurante favorito, Jimmy's Kitchen, para celebrar minha nova vida. E, na semana seguinte, no dia 26 de março, fui ao casamento de uma amiga. Para espanto de meus amigos, que sabiam o que eu havia acabado de passar, eu me diverti dançando e bebendo champanhe. Eu sabia, mais do que nunca, que era preciso viver a vida com alegria e abandono.

CAPÍTULO 11

"Era para a senhora estar morta!"

Várias semanas depois de ter sido confirmado que eu não estava mais com câncer, eu ainda estava processando tudo o que acontecera, tentando entender as coisas. Estava me acostumando com o fato de as pessoas que eu conhecia ficarem visivelmente chocadas quando me viam pela primeira vez desde que eu havia saído do hospital.

Embora ninguém jamais tenha me dito isso diretamente, eu sabia que quase todas elas acharam que eu ia morrer quando tinham me visto pela última vez. Elas não esperavam me ver novamente. Algumas tentavam esconder a surpresa ao constatar como eu me tornara saudável em um intervalo de tempo tão curto, mas outras não conseguiam disfarçar o que estavam sentindo.

– Oh meu Deus, é você? – perguntou minha professora de yoga, de queixo caído, quando entrei em seu estúdio seis meses depois. – Você está com uma aparência incrível! Ouvi dizer que estava melhorando, mas não podia imaginar que estivesse tão bem!

A Amirah tinha sido, intermitentemente, minha professora de yoga durante vários anos. Ela era uma pessoa encantadora, com um belo estúdio que dava para a parte vitoriana do distrito comercial central de Hong Kong. Ela soube que eu estava doente, e, à medida que fui ficando mais fraca e incapaz de fazer muitas das posturas, ela trabalhava delicadamente comigo, ou me mandava apenas ficar deitada na postura *shavasana* (que consiste em a pessoa ficar deitada em total relaxamento, como se estivesse dormindo). Quando eu não pude mais fazer nenhuma outra postura além de *shavasana*, mesmo assim eu comparecia ao estúdio da Amirah, porque adorava me impregnar da energia positiva da aula.

Finalmente, quando não pude mais sair e fiquei confinada a uma cadeira de rodas e conectada a um cilindro de oxigênio portátil, enquanto uma enfermeira em tempo integral cuidava de mim em casa, parei de frequentar o estúdio da Amirah.

Desse modo, tão logo fiquei bem o bastante para sair sozinha, quis aparecer por lá no meio de uma aula e surpreendê-la – e ela certamente ficou surpresa! Amirah me apresentou, então, às pessoas da turma, pois nem todas me conheciam. Mas aquelas que se lembravam de mim ficaram igualmente espantadas. Os olhos de uma senhora ficaram marejados quando ela se lembrou do quanto eu estava doente nos últimos dias que frequentei a aula. Ela não imaginava que me veria de novo, mas ali estava eu... ela só conseguiu dizer que era um milagre.

TODAS AS PESSOAS QUE EU ENCONTRAVA FICAVAM CURIOSAS para saber o que tinha acontecido. Como eu havia melhorado tão rápido? Mas eu tinha muita dificuldade em explicar, e comecei a me dar conta de que eu mesma não entendia tudo completamente. Simplesmente não sabia como descrever o que eu tinha passado de uma maneira que os outros pudessem entender. As palavras para essa experiência não parecem existir.

Certo dia, então, recebi um e-mail do Anoop com um link para um website a respeito de experiências de quase morte, ou EQMs. Ele estivera pesquisando para ver se outra pessoa tinha passado por algo semelhante, e encontrou o website da Near Death Experience Research Foundation (NDERF), www.nderf.org. Em sua mensagem, Anoop disse que o que eu havia vivenciado parecia semelhante a algumas das experiências que as pessoas tinham descrito nesse site, e ele queria que eu desse uma olhada.

Eu não sabia muita coisa a respeito das experiências de quase morte. Ouvira falar delas, e talvez tivesse assistido a um ou dois documentários na televisão, mas não conhecia ninguém que tivesse tido uma – e muito menos, jamais, esperava que eu fosse ter uma!

Quando comecei a ler as informações no site indicado por meu irmão, comecei a ficar arrepiada ao descobrir histórias que tinham algumas semelhanças com a minha. Nenhuma delas tinha o elemento de doença que eu tinha tido, mas parte do que as pessoas tinham vivenciado na outra esfera

era muito parecido com o que eu vivera. Várias falavam de expansão, clareza e de uma sensação de unicidade – de que todos estamos interligados. As pessoas declararam não ter sentido que estavam sendo julgadas, apenas que estavam envolvidas em um enorme amor incondicional. Elas mencionaram ter encontrado entes queridos que tinham partido ou outros seres que se importavam com elas. E tiveram uma sensação de entendimento e conhecimento universal. Eu não conseguia deixar de pensar no fato de que outros tinham experimentado aquele sentimento de aceitação e unidade, o conhecimento de que somos todos universalmente apreciados. Muitos deles informaram que, depois de sua EQM, eles tinham vivenciado um sentimento de propósito, e era exatamente assim que eu estava me sentindo!

Depois de ler alguns relatos, reparei em um *banner* no site que dizia: "Você teve uma experiência de quase morte que gostaria de compartilhar? Clique aqui!". Foi o que fiz. Um longo formulário, extremamente detalhado, apareceu à minha frente, e comecei a preenchê-lo. Eu nunca tinha narrado a minha experiência por escrito antes; só tentara falar a respeito dela com amigos chegados e com membros da família, de modo que essa era a primeira vez em que eu a estava analisando tão detalhadamente.

Como era a primeira vez que eu estava descrevendo tudo para alguém que não estava familiarizado com a minha situação, queria ter certeza de que estava expressando com bastante clareza o que eu queria dizer. As perguntas também me fizeram pensar a respeito de partes da minha experiência de maneira como eu nunca pensara antes. Preenchi todos os detalhes a respeito de ter câncer, de tudo o que vivenciei quando atravessei para o outro lado e depois voltei, e finalmente do câncer ter desaparecido com muita rapidez. Depois de completar os campos do formulário e acrescentar todos os detalhes adicionais nos espaços oferecidos, cliquei em "enviar". Apareceu uma mensagem, dizendo: "Obrigado por nos enviar seu depoimento. Entraremos em contato com você dentro das próximas três semanas, para informar se a sua experiência será publicada no nosso site".

A essa altura, já era tarde da noite para mim, de modo que fui para a cama achando que, provavelmente, demoraria a ter notícias deles. No entanto, para minha agradável surpresa, ao acordar na manhã seguinte, encontrei uma mensagem em minha caixa de entrada de um Dr. Jeffrey Long.

O Dr. Long me explicou que era oncologista e também dono do site da NDERF, para onde eu havia encaminhado a minha experiência, e que achara o meu relato um dos mais excepcionais que já tinha lido. Ele queria me fazer algumas perguntas suplementares, particularmente com relação a meu problema médico, porque estava extremamente intrigado com a rapidez da minha cura. Disse que eu descrevera minha experiência particularmente bem, e que queria saber mais coisas a respeito do meu câncer, como quando eu recebera o diagnóstico, a duração da minha doença e quanto tempo eu levara para ficar curada do câncer depois da minha EQM.

Respondi a todas as perguntas da melhor maneira que pude, e, uma vez mais, ele respondeu quase que imediatamente. Havia uma genuína animação na resposta dele. Ele disse que estava muito satisfeito com as minhas respostas, e me agradeceu por permitir que publicasse minha experiência. Disse que ela seria inspiradora para dezenas de milhares de pessoas ao redor do mundo. Em seguida, publicou meu relato com um link direto na home page da NDERF, incluindo todas as respostas que eu dera para as suas perguntas subsequentes. Tudo está até hoje nos arquivos do site, no formato original.

Descobri, posteriormente, que o Dr. Long havia imprimido meu relato assim que o recebeu, a fim de poder lê-lo várias vezes, já que o tinha considerado tão extraordinário, o que ele nunca tinha feito com nenhum outro relato.

Ao mesmo tempo, meu amigo Peter Lloyd, que dirige uma publicação chamada *Holistic Hong Kong*, ficou tão impressionado com o que acontecera comigo que pediu permissão para imprimir minha história. Sendo assim, enviei para ele uma cópia exata do que eu tinha apresentado no site da NDERF, e ele incluiu o relato no número seguinte da revista.

Várias semanas depois, durante o verão de 2006, fui procurada por outro oncologista americano. Ele se chamava Dr. Peter Ko, e disse que tinha um interesse pessoal no estudo das remissões espontâneas. No intervalo de três semanas, duas pessoas diferentes tinham enviado para ele os links para a minha experiência, o que tinha sido publicado no website da NDERF e o outro, na *Holistic Hong Kong*. Quando recebeu o link da NDERF, o Dr. Ko praticamente o descartou, já que meu relato era bastante extenso, e ele recebe muitos e-mails de pessoas sugerindo que ele leia determinados artigos. No entanto, quando recebeu o segundo e-mail, dessa vez com um link para a minha história na *Holistic Hong Kong,* com um comentário pedindo que ele lesse o artigo e informando que ele certamente ficaria interessado, decidiu verificar do que se tratava.

Depois de ler minha história, o Dr. Ko ficou tão intrigado que entrou em contato com Peter Lloyd e perguntou se havia alguma maneira de falar comigo, já que o website não fornecia meu nome completo; a minha história só era identificada como "EQM de Anita M.". Peter, então, colocou o

Dr. Ko em contato comigo por e-mail, e o Dr. Ko imediatamente perguntou se poderia me telefonar porque queria fazer muitas perguntas.

Conversamos durante várias horas por telefone, e dei a ele detalhes da minha experiência e do meu problema médico em particular. Depois, enviei para ele, por fax, algumas páginas pertinentes da minha anamnese, inclusive o relatório médico do dia 2 de fevereiro, o dia em que eu havia dado entrada no hospital, descrevendo o meu estado e o prognóstico, com o diagnóstico "linfoma, estágio 4B".

Depois de ler algumas dessas páginas, as primeiras palavras dele foram: – Era para a senhora estar morta!

O DR. KO FICOU TÃO INTRIGADO COM MEU CASO que organizou uma viagem de negócios a Hong Kong para poder ir ao hospital onde minha experiência havia ocorrido e estudar meus prontuários médicos.

Eu o conheci em meados de outubro, no hospital onde eu tive minha experiência de quase morte. Nós nos sentamos no saguão do hospital e conversamos durante algum tempo, travando conhecimento. Ele fez perguntas a respeito da minha experiência e da doença, querendo saber tudo a partir da minha perspectiva. Em seguida, fomos até a administração e pedimos meus prontuários. Eles trouxeram uma pasta enorme, com cerca de 8 centímetros de espessura, e a depositaram no balcão diante de nós. Nós a levamos para a cantina, e o Dr. Ko começou a examinar os detalhes do caso, página por página, selecionando documentos pertinentes para serem copiados.

Eu estava me sentindo extremamente emocionada e privilegiada por ter dois oncologistas – primeiro o Dr. Long e agora o Dr. Ko – tão interessados em minha experiência. Isso validou meus sentimentos de que eu voltara por causa de um propósito maior, que iria ajudar outras pessoas. Eu me senti grata e encantada porque o fato de eu ter passado por tudo aquilo poderia ajudar outras pessoas.

O Dr. Ko me perguntou se eu estaria disposta a falar em público sobre o que me acontecera. Ele próprio admitiu que era cético por natureza, mas estava muito animado com o que havia lido em meus prontuários no hospital, e queria fazer, imediatamente, algo proveitoso com a sua pesquisa sobre o meu caso. Ele planejava organizar uma conferência em Hong Kong enquanto ainda estava na cidade, a fim de revelar as suas constatações mais recentes para a comunidade médica, e também queria que eu falasse. Ele me disse que já tinha mencionado meu caso para várias pessoas na comunidade médica local, e que dera algumas informações a respeito da minha história e da minha relutância em aceitar o tratamento convencional.

O Dr. Ko considerava importante que a comunidade médica ouvisse minha história a partir da minha perspectiva. Ele disse que nunca se deparara com um caso de completa remissão em um estágio tão avançado de câncer, e muito menos uma remissão tão rápida. Ele acreditava que era importante que as pessoas tomassem conhecimento do ocorrido. Fiquei muito entusiasmada por ele me fazer o convite e ansiosa para revelar o que acontecera, de modo que concordei em falar na conferência.

Coloquei também o Dr. Ko em contato com o clínico geral da nossa família, o Dr. Brian Walker, que confirmou que ficara perplexo com a minha recuperação. O Dr. Walker reiterou que tampouco tinha presenciado uma remissão tão rápida em um estágio de câncer tão avançado. O Dr. Ko conversou durante algum tempo com o Dr. Walker a respeito das observações dele sobre a progressão da minha doença ao longo dos anos, e o Dr. Walker validou e endossou muitas das constatações do médico americano. O Dr. Ko entrou, então, em contato com a imprensa e tomou providências para que um repórter estivesse presente na conferência, para que minha história fosse publicada no jornal local.

O que se segue é um trecho do resumo que o Dr. Ko escreveu depois de ter examinado todos os meus prontuários do hospital. À guisa de informações sobre a conferência, ele enviou este relato, que estou reproduzindo com a permissão dele, em um e-mail para a imprensa e para a comunidade médica. O relato descreve os detalhes da minha história a partir da perspectiva de um oncologista, confirmando minha experiência pessoal.

Espero que vocês considerem a história de Anita tão convincente quanto eu a considero... este encontro está se mostrando revelador para mim! Quando vim para HKG [Hong Kong] no mês passado, minha intenção era esmiuçar o histórico clínico da Anita, e validar ou invalidar as afirmações dela. Depois de estar satisfeito com os detalhes factuais, estou na verdade me tornando cada vez mais intrigado com a fantástica experiência da Anita... especialmente com a mensagem que ela trouxe de volta! Embora os detalhes clínicos possam ser um pouco cansativos para o leitor comum, quero apresentá-los como referência, para que vocês possam, realmente, avaliar o quanto ela estava doente, e como sua recuperação foi excepcional. Espero que isso, aliado a algumas observações pessoais, possa colocar a história da Anita em uma base mais sólida:

1. Um relato cronológico da doença da Anita – Na primavera de 2002, ela notou uma intumescência firme logo acima da clavícula esquerda. Isso foi, obviamente, um sinal de alarme para seu médico. Foi feita uma biópsia em abril daquele ano, a qual determinou que se tratava de um linfoma de Hodgkin. O estágio da doença foi definido como sendo 2A (assintomático inicial a médio). Vocês já estão a par da resistência dela em se submeter à terapia convencional, tendo buscado uma variedade de abordagens alternativas. A doença progrediu lentamente ao longo dos dois anos e meio seguintes. Em 2005, a enfermidade começou a interferir no bem-estar da paciente. O câncer envolveu um aumento no número de nódulos linfáticos, que se tornaram cada vez maiores. Anita também desenvolveu o que chamamos de "sintomas do tipo B"... suores noturnos, febre, coceira na pele etc., todos apontando para a progressão da doença. Ela também desenvolveu efusão pleural (acúmulo de fluido) em ambos os lados do peito, e, no decorrer de 2005, necessitou de várias tentativas de "punção do fluido", já que isso estava começando a interferir em sua respiração. No Natal de 2005, o curso da doença se acelerou, e Anita iniciou uma espiral descendente... a doença no pescoço e na parede torácica começou a se infiltrar na pele, resultando em grandes úlceras infectadas, que não fechavam. Ela era incapaz de comer ou absorver nutrientes, sofreu perda de peso, uma fadiga acentuada, atrofia muscular... e suas funções renais começaram a ficar comprometidas.

A manhã do dia 2 de fevereiro a encontrou incapaz de sair da cama; todo seu rosto, pescoço e braço esquerdo estavam inchados como um balão. Os olhos estavam fechados de tão inchados... tudo devido à drenagem venosa comprometida, na cabeça e no pescoço, por nódulos linfáticos maciçamente aumentados e emaranhados. Ela estava respirando com dificuldade em decorrência de uma maciça efusão pleural bilateral, apesar de estar recebendo oxigênio suplementar de um cilindro móvel. Sem saber o que fazer, seu marido e sua mãe telefonaram para o médico da família pedindo ajuda, que recomendou que eles a levassem imediatamente para o hospital. Lá, um oncologista foi chamado, o qual ficou chocado ao ver o estado de Anita. Outro oncologista foi convocado devido às difíceis decisões a serem tomadas. Vários outros médicos foram chamados para lidar com diferentes sistemas de órgãos que estavam entrando em falência. O consenso era que ela não sobreviveria sem intervenção. Embora a quimioterapia pudesse ser altamente tóxica tendo em vista sua múltipla falência de órgãos, seria sua única chance. Naquela noite, ela fez múltiplos exames com imagens por ressonância magnética e tomografia computadorizada, teve 2 litros de fluido puncionados de seu peito, começou a receber três de sete medicamentos de quimioterapia* e [foi] levada para a UTI. Foi quando Anita foi conduzida em direção ao que ela descreveu como a sua EQM.

2. A surpreendente recuperação de Anita depois que ela emergiu da EQM – Na noite de 3 de fevereiro, Anita acordou, se sentou e declarou para sua família que ficaria boa. Conversou com o oncologista, que ficou perplexo, inclusive, pela capacidade dela de reconhecê-lo.

No dia 4 de fevereiro, Anita exigiu que o tubo nasogástrico fosse removido, e prometeu aos médicos que comeria o que levassem para ela comer a fim de ganhar peso. Ela pediu que fossem buscar o seu iPod em casa.

No dia 5 de fevereiro, ela cumprimentou os médicos perguntando se eles queriam "participar da festa"; eles, finalmente, concordaram em dar alta a ela da UTI no dia 6 de fevereiro.

A essa altura, grande parte do inchaço do pescoço e do rosto tinha desaparecido; os nódulos linfáticos muito aumentados começaram a amolecer, e ela conseguiu virar a cabeça pela primeira vez. Ela terminou de receber os medicamentos do primeiro ciclo em meados de fevereiro. Um cirurgião plástico foi chamado para:

- fazer a biópsia de um nódulo linfático do pescoço da Anita e
- fazer implantes de pele nas grandes feridas abertas no pescoço e na axila dela. Ele não conseguiu encontrar nenhum nódulo linfático ao fazer o exame, e marcou para ela uma ultrassonografia antes da biópsia; ao mesmo tempo, ele faria os implantes de pele.

Três ultrassonografias não revelaram quaisquer nódulos linfáticos obviamente patológicos. No dia 27 de fevereiro, ele acabou

---

* O regime de quimioterapia requeria oito ciclos de sete medicamentos, com cada ciclo durando três semanas.

fazendo a biópsia de um nódulo do pescoço... e não foi constatada nenhuma evidência de câncer. As úlceras da pele ficaram curadas sozinhas, sem que o implante de pele fosse necessário.

Os oncologistas, finalmente, concordaram em deixar que ela fosse para casa no dia 9 de março, depois do segundo ciclo. Ela comemorou seu aniversário no dia 16 de março no restaurante Jimmy's Kitchen, e no dia 26 de março foi a um casamento, onde dançou e bebeu champanhe... Depois, seu terceiro ciclo começou. Todos chegaram a um acordo e combinaram fazer uma tomografia computadorizada e uma tomografia por emissão de pósitrons depois de seis ciclos (24 de julho)... ela foi considerada livre do câncer, e eles interromperam o tratamento faltando dois ciclos.

A recuperação de Anita foi certamente "extraordinária". Baseado em minha experiência e na opinião de vários colegas, não posso atribuir sua impressionante recuperação à quimioterapia. Com base no que aprendemos a respeito do comportamento das células cancerosas, especulo que alguma coisa ("informações"... não físicas?) ou desativou os genes com mutação impedindo que eles se expressassem, ou os encaminhou para uma morte celular programada. O mecanismo exato é desconhecido para nós, mas é improvável que tenha sido resultado de substâncias citotóxicas.

Acho que meu encontro com a experiência de Anita preparará o terreno para que eu aprenda mais, tanto a respeito desse fenômeno quanto a respeito da verdadeira natureza do nosso eu!

Profissionais de medicina, particularmente professores do departamento de oncologia do hospital-escola local, compareceram à conferência. Além disso, estiveram presentes várias pessoas que haviam sido convidadas por mim, pelo Dr. Ko e por alguns dos professores. Posteriormente, o Dr. Ko, o Dr. Walker e eu fomos convidados para ser entrevistados no rádio a respeito de meu caso. (O artigo do jornal e a entrevista no rádio estão atualmente no meu website em inglês: www.anitamoorjani.com.)

Como um resultado direto da conferência e do fato de eu ter conhecido membros do corpo docente da faculdade de medicina da Universidade de Hong Kong, fui convidada para ser uma consultora do departamento de estudos comportamentais da faculdade, dando palestras e aconselhando os professores sobre os aspectos psicológicos no enfrentamento do câncer e da morte. Fui convidada a dar palestras regulares sobre esse tema tanto para o corpo docente quanto para os alunos, e apreciei tremendamente o que fazia.

O Dr. Ko compilou um relatório de suas constatações médicas a partir da minha ficha, junto com as suas perguntas, e remeteu para institutos de câncer ao redor do mundo. Até hoje, nenhum deles foi capaz de responder às perguntas, e nenhum deles teve conhecimento de algum caso registrado que tenha tido uma reviravolta tão surpreendente.

Estes são alguns dos fenômenos inexplicáveis que o Dr. Ko me disse que continuam a ser um mistério:

- Meus prontuários médicos mostram que meus órgãos já tinham entrado em falência na ocasião em que dei entrada no hospital, mas alguma coisa fez com que voltassem a funcionar. O Dr. Ko está intrigado com o que pode ter causado essa recuperação. Ele também reparou em um comentário escrito pelo oncologista, que dizia: "A família da paciente foi informada", que o Dr. Ko interpretou como o médico tendo feito a observação de que a minha família tinha sido notificada de que eu estava morrendo.
- Meus prontuários confirmaram que eu tinha tumores do tamanho de limões em todo o corpo, começando na base do crânio e envolvendo o pescoço, as axilas e o peito, e descendo pelo abdômen. Mas, vários dias depois, o tamanho deles tinha sofrido uma redução de pelo menos 70%. Ele está curioso para saber como foi possível que bilhões de células cancerosas tenham deixado meu corpo com tanta rapidez, quando os meus órgãos estavam entrando em falência.
- Eu tinha lesões abertas na pele, e está registrado na minha ficha que elas precisavam de uma cirurgia de reconstrução, já que meu corpo não tinha os nutrientes necessários para curá-las, porque eu estava completamente subnutrida e meus músculos já estavam atrofiados quando dei entrada no hospital. As observações dos médicos indicam que a cirurgia de reconstrução seria marcada quando eu ficasse mais forte. No entanto, as feridas ficaram completamente curadas sozinhas, bem antes de a equipe médica estar pronta para operar.

Todas essas constatações conduzem basicamente à principal pergunta que o Dr. Ko e outros querem entender a respeito das remissões espontâneas: *O que acionou o interruptor, fazendo com que o corpo fizesse uma reviravolta da morte em direção à cura?* Pessoalmente, eu sei a resposta... mas não é uma coisa que possa ser encontrada na medicina.

CAPÍTULO 12

Vendo a vida com novos olhos

No decorrer dos primeiros meses depois que saí do hospital, eu me senti eufórica, como se estivesse em um "barato" permanente. Tudo e todos pareciam belos, e até mesmo os objetos ou eventos mais comuns tinham magia e encantamento. Tomemos, por exemplo, a mobília da minha sala de estar, que estava conosco havia muitos anos sem parecer de nenhuma maneira especial. Quando voltei para casa, enxerguei uma beleza no trabalho de marcenaria que eu nunca havia notado antes, e fui capaz de sentir o esforço que tinha sido necessário para sua fabricação. Fiquei maravilhada ao poder dirigir novamente meu carro (algo que eu não fora capaz de fazer nos últimos oito meses da doença). Fiquei enlevada com minha capacidade de coordenar as mãos, os olhos e as pernas enquanto dirigia pelas ruas. Eu estava assombrada com o corpo humano e com a própria vida.

À medida que os meses foram passando, comecei a sentir que precisava fazer novamente alguma coisa com minha vida. No entanto, quando pensei no que poderia querer fazer, me senti confusa. Não sabia por onde começar a recolher os pedaços. O mundo não era o mesmo que eu havia deixado para trás. Eu passara os quatro anos anteriores lidando com o fato de estar doente. Durante esse período, todo o meu foco tinha estado na doença. Eu passara anos lendo, estudando e aprendendo tudo o que podia a respeito do câncer. Todo o meu propósito girara em torno da doença e da tentativa de curá-la. De certa maneira, eu começara a me identificar mais com o fato de ser alguém que estava com câncer do que com a vida. E agora ele fora embora. O que eu ia fazer com o restante da minha vida?

Antes do meu diagnóstico, eu era muito independente. Entretanto, durante o período em que estive doente, dependi completamente do Danny e dos outros membros da minha família. Assim que fiquei boa e novamente em forma, todo mundo retomou seus respectivos papéis. O Danny voltou a trabalhar, minha mãe e meu irmão pegaram um avião de volta para casa, e eu fiquei tentando descobrir o que queria fazer comigo mesma.

Eu não conseguia me imaginar voltando a trabalhar com os expatriados. Eu havia pedido demissão do emprego pouco depois de receber meu diagnóstico, e até mesmo entrevistara a pessoa que iria me substituir. Eu não trabalhava havia quatro anos, já que estava profundamente envolvida em lidar com meu câncer. Pensar em voltar a trabalhar agora parecia diferente, e compreendi que *eu* estava diferente.

Eu me sentia como se não fosse capaz de me relacionar com ninguém à minha volta – ou, mais exatamente, como se os outros não fossem capazes de se relacionar comigo. Mesmo que eu pensasse em voltar a trabalhar, não conseguia descobrir o que queria fazer. Nada mais parecia certo. Tinha a impressão de que não me ajustava às pessoas deste planeta e a seus valores. Minhas prioridades tinham mudado, e descobri que não estava mais interessada em trabalhar em um escritório, em ser subordinada a alguém ou em ganhar dinheiro apenas pelo dinheiro. Eu não fazia questão de me comunicar com os outros, de sair com os amigos depois do trabalho para relaxar, de enfrentar a hora do *rush* de manhã e no final da tarde, ou de passar longas horas indo e voltando do trabalho. Sendo assim, pela primeira vez desde a minha EQM, eu me senti perdida... e solitária.

COMECEI A TER CADA VEZ MAIS DIFICULDADE EM ME envolver em conversas a respeito dos acontecimentos do dia a dia. Meu intervalo de atenção parecia ter se abreviado, e eu pegava minha mente se desviando em várias digressões, mesmo quando conversava com amigos. Perdi completamente o interesse no que estava acontecendo no mundo da política e das notícias, e até mesmo no que meus amigos estavam fazendo. No entanto, ficava fascinada com o sol se pondo no horizonte enquanto eu estava sentada na praia degustando uma casquinha de sorvete, como se estivesse vivenciando pela primeira vez o encanto deste mundo. A beleza do brilho alaranjado do pôr do sol se refletindo na água, enquanto eu sentia a areia molhada debaixo dos pés e entre os dedos, me enchia de um assombro que eu nunca sentira antes. O sabor irresistível do sorvete de chocolate belga cremoso em minhas papilas gustativas me fazia sentir como se fosse a primeira vez que eu estava tomando sorvete!

Eu enxergava o aspecto divino em tudo – em cada animal e cada inseto. Desenvolvi um interesse muito maior pelo mundo natural do que o que eu tinha antes. Não conseguia nem mesmo matar os mosquitos que zumbiam à minha volta. Eles eram formas de vida e precisavam ser respeitados como tal. Eles tinham um propósito. Eu não sabia qual era ele; sabia apenas que eles tinham um, assim como eu também tinha o meu.

Acordava todas as manhãs com vontade de explorar mais uma vez o mundo. Cada dia era uma nova aventura. Queria caminhar, dirigir, explorar, me sentar nos morros e na areia, e simplesmente assimilar a vida! Eu também estava profundamente interessada no ambiente urbano, e voltei a me conectar com ele como se tudo fosse novo. Passava o tempo explorando mercados, desfrutando as vistas da cidade e a bela silhueta dos prédios iluminados com neon que se destacava contra o céu, admirando o nosso sistema de transporte público altamente eficiente e as incríveis pontes suspensas que se estendiam sobre a água, ligando as várias ilhas que formam Hong Kong. Ficava maravilhada com tudo isso.

O encanto de cada dia fazia com que eu sentisse que tinha acabado de nascer. Era como se tivesse chegado ao mundo já adulta, como se tivesse nascido pela primeira vez no dia 3 de fevereiro de 2006.

Ao mesmo tempo, eu me vi incapaz de voltar a me relacionar com muitos dos meus antigos amigos, com quem eu procurava me encontrar para almoçar ou tomar um café. Todos estavam ansiosos para pôr a conversa em dia, mas a maioria deles não entendia a profundidade da mudança que essa experiência causara em mim. Descobri que ficava inquieta e impaciente nas situações sociais. Eu não conseguia ficar sentada por longos períodos e nem participar de conversas a respeito de atividades corriqueiras.

Senti que as pessoas tinham perdido a capacidade de enxergar a magia da vida. Elas não compartilhavam meu assombro nem meu entusiasmo pelo ambiente – e simplesmente por estar viva. Elas pareciam presas à rotina, e estavam sempre pensando na coisa seguinte que tinham para fazer. Era exatamente o que eu costumava fazer antes da minha EQM. Todos estavam tão envolvidos em fazer coisas que tinham se esquecido de como era simplesmente estar no momento.

No entanto, acima de tudo, eu sentia que estava beirando algo maravilhoso prestes a se revelar. Senti que havia um propósito maior naquilo tudo que eu vivenciara. Entretanto, mesmo na presença desse grande entusiasmo interior, desse sentimento de que eu estava à beira de uma grande aventura, não sentia que tivesse que *fazer* ou *perseguir* alguma coisa para que ela acontecesse. *Eu simplesmente tinha que ser eu mesma, destemidamente!* Dessa maneira, estaria me permitindo ser um instrumento de amor. Compreendi que essa era a melhor coisa que qualquer um de nós poderia fazer ou ser, tanto para o planeta quanto para nós mesmos.

Desde que me dei conta disso, os problemas não parecem mais tão grandes. Senti que as pessoas estavam levando a vida e seus problemas excessivamente a sério – que era exatamente o que eu costumava fazer. No passado, eu era arrastada para os dramas das outras pessoas, assim como para os meus. Mas, depois da minha EQM, eu simplesmente me sentia abençoada por estar viva e ter recebido uma segunda oportunidade para me expressar aqui. Eu não queria mais desperdiçar um único minuto da grande aventura. Eu queria ser o mais possível *eu mesma* e saborear cada delicioso minuto em que estava viva!

Eu, realmente, não queria me atolar nos problemas mundanos secundários, como me preocupar com o futuro, o dinheiro, o trabalho, ou questões domésticas e familiares. De certa maneira, todas essas coisas pareciam extremamente sem importância, especialmente porque eu confiava no processo que consegui sentir que estava se desdobrando diante de mim.

Parecia importante que eu me divertisse e risse. Eu sentia uma leveza completamente nova, e ria com facilidade. Apreciava a companhia daqueles que queriam fazer a mesma coisa.

Sempre que tinha conversas a respeito de doença, política ou morte, meus pontos de vista eram tão radicalmente diferentes por causa da minha experiência que eu, simplesmente, não conseguia me envolver com os temas. Comecei a compreender que minha capacidade de julgar e discernir tinha ficado "prejudicada". Eu não era mais capaz de distinguir, de forma definida, entre o que era bom ou mau, certo ou errado, porque eu não fora julgada por nada durante a minha EQM. Havia apenas compaixão, e o amor era incondicional. Ainda me sentia daquela maneira com relação a mim mesma e a todos os que me cercavam.

Desse modo, eu me vi sentindo apenas compaixão por todos os criminosos e terroristas no mundo, bem como por suas vítimas. Entendia de uma maneira como nunca entendera antes que, para que as pessoas praticassem aqueles atos, elas tinham que estar realmente sentindo uma enorme confusão, frustração, dor e ódio por si mesmas.

Um indivíduo realizado e feliz *nunca* praticaria aquelas ações! É maravilhoso estar em volta das pessoas que apreciam a si mesmas, e elas só compartilham o seu amor incondicionalmente. Para ser capaz de cometer esses crimes, a pessoa tinha que estar (emocionalmente) doente – na realidade, era como se ela estivesse com câncer.

No entanto, constatei que aqueles que têm esse tipo de câncer "mental" particular são tratados com desprezo em nossa sociedade, com muito pouca chance de receber uma ajuda prática para o seu estado, o que só faz reforçar esse estado. Ao tratá-los dessa maneira, permitimos que o "câncer" em nossa sociedade cresça. Pude ver que não criamos uma sociedade que promove tanto a cura mental quanto a física.

Tudo isso significava que eu não era mais capaz de olhar para o mundo do ponto de vista de "nós" e "eles" – ou seja, de vítimas e perpetradores. Não existe nenhum "eles"; tudo é "nós". Somos todos Um, produtos de nossa própria criação, de todos os nossos pensamentos, ações e convicções. Até mesmo os perpetradores são vítimas de sua própria dor e ódio por si mesmos.

Eu tampouco encarava a morte da mesma maneira que os outros, de modo que era difícil, para mim, lamentar a morte de alguém. É claro que, se alguém próximo a mim morresse, eu ficaria triste, porque sentiria falta da pessoa. Mas eu não pranteava mais os mortos, porque sabia que eles haviam transcendido para outra esfera, e sabia que eles estavam felizes! É impossível ficar triste lá. Ao mesmo tempo, eu também sabia que até mesmo a morte deles era perfeita, e tudo se desenrolaria da maneira como deveria se desenvolver na tapeçaria mais ampla.

Por causa da mudança radical das minhas opiniões, passei a tomar cuidado ao expressar meu ponto de vista, pois não queria ser mal-interpretada. Eu sabia que os outros teriam dificuldade em entender conceitos como não haver nenhum julgamento depois que morremos, nem mesmo para os piores terroristas. Até mesmo para eles, eu só percebia compaixão, uma total compreensão, e clareza pelos motivos pelos quais agiram como agiram. Em um nível mais mundano e prático, eu também sabia que não haveria nenhum julgamento esperando por mim no além, se eu optasse por não seguir dogmas religiosos ou culturais que não me parecessem corretos.

Sendo assim, lentamente, dei comigo procurando principalmente a minha própria companhia, a não ser quando estava com o Danny. Eu me sentia segura com ele. Sabia que ele não me julgaria. Meu marido permanecera ao meu lado durante toda a minha jornada, e ele era uma das pouquíssimas pessoas que me compreendiam. Ele ouvia pacientemente enquanto eu falava sobre meus sentimentos e pensamentos, e me ajudava a tentar entender as novas emoções.

Eu sentia uma necessidade constante de falar a respeito da minha experiência, de tentar entender o que tinha acontecido, de desvendar tudo, de modo que o Danny me incentivou a escrever para externar meus sentimentos. Comecei a escrever e continuei a fazê-lo constantemente. Escrevia em fóruns e blogs, e considerei isso muito terapêutico, enquanto seguia adiante nesse novo mundo.

CAPÍTULO 13

Encontrando meu caminho

Eu tinha agora uma visão da vida que era compartilhada por muito poucas pessoas, ou talvez nenhuma, em meu círculo social, e com a qual elas nem mesmo se identificavam. E eu não tinha mais medo de nada. Não tinha medo de ficar doente, envelhecer, morrer, perder dinheiro ou de qualquer outra coisa. Quando a morte não nos apavora, não temos muito mais o que temer, porque ela é sempre considerada o pior cenário possível. E, se o pior não nos perturba, o que resta então?

Eu também estava achando difícil me reintegrar à vida porque este mundo ainda não parecia real para mim. A outra esfera parecia mais genuína. E, como descrevi, estava tendo dificuldade em conviver com a seriedade com que todo mundo encara as coisas; por exemplo, com a maneira como as pessoas ficavam estressadas a respeito do dinheiro e das finanças, embora tivessem muitas outras coisas bonitas para desfrutar e pelas quais serem gratas. Eu também não conseguia entender o quanto elas desprezavam tudo o mais – inclusive o amor, os relacionamentos, o talento, a criatividade, a individualidade e assim por diante – por causa do dinheiro, e o tempo enorme que passavam trabalhando em empregos de que não gostavam. A maneira como as pessoas encaravam a vida parecia completamente errada para mim. As prioridades e os valores estavam fora de ordem, e tudo parecia invertido. Compreendi que eu, provavelmente, também costumava pensar dessa maneira, mas não conseguia me imaginar fazendo isso de novo.

Dei comigo pensando o seguinte: "Sei que nunca mais aceitarei um emprego do qual não gosto, apenas pelo dinheiro. Meus critérios para trabalhar e para fazer as coisas em geral são muito diferentes agora. Minha vida e meu tempo aqui são muito mais valiosos para mim".

Danny descobriu que, depois da intensidade de acompanhar o processo da minha doença e quase me ver morrer, as coisas tampouco eram as mesmas para ele. Antes do meu câncer, ele trabalhava com vendas e marketing para uma organização multinacional, e era responsável pela distribuição na Ásia. Ir para o trabalho agora era desinteressante e monótono, depois de tudo o que passáramos juntos. Ambos tínhamos crescido, mudado e aprendido muito!

Danny sempre sonhara em ter seu próprio negócio, e foi nesse ponto que eu disse a ele que fizesse isso. Eu o incentivei a viver seu sonho. Antes da minha EQM, eu teria tido medo de encorajá-lo, já que consideraria esse passo um grande risco. Eu pensaria: se fracassarmos, como vamos nos manter?

Mas as minhas opiniões tinham mudado, e realizar o sonho do Danny parecia mais importante, assim como não viver uma vida de arrependimentos também o era. Desse modo, eu o encorajei a abrir o negócio que ele sempre desejara, que era desenvolver e oferecer ferramentas para a avaliação profissional para estudantes e corporações.

As coisas se resolveram tranquilamente, já que deixar de trabalhar para outras pessoas e passar a trabalhar para si mesmo se tornou ainda mais fácil quando ele foi demitido do emprego, devido às suas faltas constantes durante o período em que cuidou de mim ao longo da minha doença. No passado, isso teria sido um enorme transtorno. No entanto, depois da minha EQM, foi apenas outra maneira de ver o universo trabalhando a nosso favor. Era uma oportunidade de fazer algo mais estimulante!

Para levar a cabo essa nova aventura, tivemos que "enxugar" substancialmente a nossa vida. Nós nos mudamos para uma casa menor e reduzimos grande parte das despesas pessoais. Fomos morar em um bairro muito humilde, situado a uma distância considerável das áreas urbanas agitadas de Hong Kong. Nossa casa ficava em uma aldeia afastada, próxima da fronteira com a China, onde estávamos isolados da nossa comunidade, o que nos proporcionou a oportunidade de reorganizar e reavaliar nossa vida. Foi uma mudança drástica em relação ao que estávamos acostumados, e tivemos a impressão de que estávamos reiniciando a vida – tendo um novo começo.

ANTES, EU TERIA ENCARADO O FATO DO DANNY perder o emprego e a nossa necessidade de cortar substancialmente os gastos e sair da cidade como algo negativo ou adverso. Eu teria ficado extremamente amedrontada, porque isso ameaçaria minha segurança. Entretanto, como as palavras *"Volte e viva a sua vida destemidamente!"* continuavam a reverberar em minha cabeça, eu sabia que tudo ficaria bem. Das muitas mensagens que trouxe da minha EQM – somos todos um só, somos amor em nossa essência, somos magnificentes –, essa era a mais forte e não parava de reverberar dentro de mim. Como a mensagem pareceu vir tanto do meu pai quanto da Soni, minha melhor amiga, sempre que a ouvia em minha mente eu a escutava na voz de um ou do outro, dependendo da situação. Neste caso, eu vi os eventos como parte de uma aventura maior que estava se desenrolando, o que me conferiu o sentimento de estar recomeçando a vida em uma tábula rasa.

Além disso, por causa da minha EQM, saí de uma visão da realidade de fora para dentro para uma visão de dentro para fora. Em outras palavras, eu costumava pensar que o mundo exterior era real e que eu tinha que trabalhar dentro de seus limites. É mais ou menos assim que a maioria das pessoas pensa. Com esse ponto de vista, eu entregava meu poder ao mundo exterior, e os eventos externos tinham a capacidade de me controlar – meu comportamento, disposições de ânimo e meus pensamentos. As reações emocionais e os sentimentos não eram considerados reais porque não eram tangíveis. Eram considerados meras reações aos eventos externos. Naquele modelo, eu era vítima das circunstâncias e não a criadora da minha vida. Até mesmo a doença era um evento externo que tinha simplesmente "acontecido" comigo, aleatoriamente.

No entanto, depois da minha EQM, comecei a me ver como parte integrante do Todo maior. Isso inclui tudo no universo inteiro, tudo o que já existiu e tudo que existirá, e está tudo interligado. Compreendi que estava no centro desse universo, e sabia que todos nos expressamos a partir da nossa perspectiva, já que cada um de nós está no centro dessa grande rede cósmica.

Com o tempo, enquanto Danny e eu construíamos essa nova fase de nossa vida juntos, compreendi essas verdades de uma maneira ainda mais concreta. Embora tudo exista dentro dessa rede de interconexão e tenhamos acesso a tudo, meu mundo em qualquer momento do tempo é uma tapeçaria tecida por todos os meus pensamentos, sentimentos, experiências, relacionamentos, emoções e eventos até esse ponto. Nenhuma coisa existe para mim enquanto não é trazida para a minha tapeçaria. E posso aumentá-la ou limitá-la expandindo minhas experiências e minha percepção, ou restringindo-as. Eu sinto como se tivesse uma certa escolha em relação ao que consinto dentro da minha observação.

Quando alguma coisa entra na minha percepção, ela se torna parte da minha tapeçaria. Voltando à analogia do depósito, eu irradiei nele a minha lanterna de mão. Isso significa que ele se torna parte do meu sistema de crenças – da minha verdade.

Eu sabia que o propósito da minha vida era expandir minha tapeçaria e possibilitar que experiências mais amplas e poderosas fizessem parte da minha vida. Sendo assim, dei comigo tentando estender os limites do que era considerado possível em todas as áreas onde eu, anteriormente, percebera limitações. Comecei a questionar as coisas que todos presumíamos ser verdadeiras, mas que eram, na realidade, apenas convicções determinadas socialmente. Passei a olhar para todas as coisas que considerava negativas e impossíveis no passado e a questioná-las, particularmente crenças que desencadeavam dentro de mim sentimentos de medo ou inadequação.

"Por que acredito nisso?", eu perguntava a mim mesma. "Trata-se puramente de um condicionamento cultural e social? Pode ter sido adequado para mim em algum momento, mas ainda é verdadeiro hoje? É útil para mim continuar a acreditar em muitas das coisas com que fui criada e me ensinaram a pensar?"

Em algumas situações, talvez, mas em muitos casos a resposta foi, decididamente, um *não*.

Fui criada para acreditar que as mulheres deveriam ser submissas. Havia sempre um nível de crítica com relação àquelas que eram excessivamente autoconfiantes, vigorosas ou que ocupavam uma posição elevada, porque o principal papel da mulher era dar apoio como esposa e mãe. Eu nunca correspondi a esse padrão.

Passei a vida inteira me julgando, me criticando por não satisfazer a essas expectativas. Sempre me senti inadequada. Mas, depois da minha EQM, compreendi que tudo isso era um conjunto falso de padrões socialmente determinados.

Eu também costumava acreditar que não era suficientemente espiritualizada e que precisava me esforçar mais nessa área. Depois, descobri que somos todos espirituais, independentemente do que acreditamos. Não podemos ser nada mais, porque é isso que somos – seres espirituais. O que acontece é que nós, nem sempre, nos damos conta disso.

Compreendi que a verdadeira alegria e felicidade só poderiam ser encontradas se eu amasse a mim mesma, me voltasse para dentro de mim, seguisse meu coração e fizesse o que me trazia alegria. Descobri que quando minha vida parece sem direção e me sinto perdida (o que ainda me acontece com frequência), isso na verdade significa que perdi meu sentimento do eu. Não estou conectada com quem realmente sou e com o que eu vim para cá ser. Isso tende a acontecer quando paro de prestar atenção à minha voz interior e entrego meu poder a fontes externas, como os comerciais da televisão, os jornais, os grandes laboratórios farmacêuticos, meus colegas, crenças culturais e sociais, e coisas desse tipo.

Anteriormente, quando me sentia perdida, uma das primeiras coisas que fazia era procurar respostas *do lado de fora*. Recorria a livros, mestres e gurus, na esperança de que eles me fornecessem a sempre esquiva solução. Foi exatamente o que fiz quando recebi meu diagnóstico de câncer. Mas apenas acabei me sentindo cada vez mais à deriva, porque eu estava repetidamente abrindo mão do meu próprio poder.

DESCOBRI QUE TER UM PONTO DE VISTA DE DENTRO PARA FORA significa ser capaz de confiar plenamente na minha orientação interior. É como se o que eu sinto causasse um impacto em todo meu universo. Em outras palavras, como estou no centro da minha rede cósmica, o Todo é afetado por mim. Desse modo, no que me diz respeito, se estou feliz, o universo está feliz. Se amo a mim mesma, todas as outras pessoas me amarão. Se estou em paz, toda a criação também está, e assim por diante.

Quando as coisas pareciam difíceis, em vez de tentar mudá-las fisicamente (como eu fazia antes da EQM), comecei a entrar em contato com meu mundo interior. Quando estou estressada, ansiosa, infeliz ou algo semelhante, eu me volto para dentro de mim e cuido disso primeiro. Fico sentada quieta, vou caminhar ao ar livre ou ouço música até encontrar um lugar centrado em que me sinta calma e serena. Reparei que, quando faço isso, meu mundo externo também muda, e muitos dos obstáculos simplesmente desaparecem sem que eu efetivamente faça alguma coisa.

O que eu quero dizer com estar "centrada" é sentir que estou no centro da minha rede cósmica, que estou *consciente* da minha posição. Esse é realmente o único lugar onde qualquer um de nós jamais está, e é importante *sentir a nossa centralidade* no núcleo dela.

No entanto, de quando em quando, eu me esquecia do meu lugar central no cosmos. Ficava envolvida com os dramas, contradições, apreensões e dores do mundo físico e não conseguia me ver como um dos seres infinitos expandidos e magníficos que todos verdadeiramente somos.

Por sorte, compreendi nessas ocasiões que nós nunca realmente nos desligamos do centro. Mais exatamente, nós o perdemos de vista temporariamente e deixamos de sentir a sensação de paz e alegria que emana dele. Nós nos envolvemos na ilusão da separação e não conseguimos enxergar que a felicidade e a tristeza caminham de mãos dadas – como a luz e a escuridão, o *yin* e o *yang*. Nosso sentimento de desconexão é simplesmente parte da ilusão da dualidade que torna difícil para nós ver a unicidade se formando a partir da separação percebida. Mas ficar centrados significa enxergar através disso e, uma vez mais, *sentir* o nosso lugar infinito no *centro de tudo*... no *centro da unicidade*.

Eu ainda tinha o conhecimento visceral de que todos nós e o universo somos um. Por conseguinte, sabia que até mesmo enquanto estou em meu corpo físico, quer eu tenha consciência disso ou não, *eu estou* no centro da grande rede cósmica que é o universo! Isso é o mesmo que perceber minha magnificência e minha conexão com o Infinito.

À MEDIDA QUE OS MESES SE TRANSFORMARAM EM ANOS, coloquei cada vez mais em prática toda essa conscientização. Às vezes, quando eu tinha muito o que fazer e as coisas ficavam estressantes, era acusada de desperdiçar o tempo quando fazia uma pausa para me centrar. Mas, se eu tentasse resolver as coisas puramente no nível físico, sabia que elas avançariam lentamente. Até hoje, ainda tenho a impressão de estar caminhando através de melado, e lidar com as questões apenas dessa maneira me causa uma grande frustração e aumenta os meus níveis de estresse.

No entanto, descobri que, se eu parar um pouco e buscar o meu centro, independentemente do que as pessoas à minha volta possam pensar, muitos dos principais obstáculos desaparecem assim que eu me conscientizo da minha conexão com o Todo e me sinto calma e feliz. As coisas ficam muito claras durante essas sessões, e, apenas por eu permanecer centrada, muitos dos desafios remanescentes simplesmente desaparecem. Constatei que essa é uma maneira muito mais eficaz de lidar com a minha vida do que fazer isso, exclusivamente, a partir do exterior. Este é um resultado direto da minha EQM e é proveniente do fato de eu saber que sou parte da grande tapeçaria cósmica, que estou no centro dela e que posso entrar em contato com todo o universo voltando-me para dentro de mim.

Ao longo dos anos, a partir da minha EQM, também experimentei mudanças nas minhas necessidades externas. Descobri que preciso estar perto da natureza, particularmente do mar, a fim de me sentir o melhor possível. De uma maneira semelhante ao assombro que senti nos primeiros dias depois que saí do hospital, percebo que consigo entrar, instantaneamente, em contato com o meu estado de EQM, olhando para as ondas e ouvindo o oceano.

Tenho observado, encantada, os amigos de quem me tornei próxima e os membros da minha família imediata passarem por mudanças pessoais. E o que vou dizer pode parecer incomum, mas, desde a minha EQM, muitas pessoas me disseram que sentem uma mudança energética quando estão perto de mim. Raramente falo a respeito disso em público porque acredito que essas coisas venham de dentro do eu. Posso estar meramente refletindo para eles o que eles já estavam prontos para vivenciar.

Por causa da minha experiência, acredito intensa e completamente que *todos nós* temos a capacidade de curar a nós mesmos e também de ajudar o processo de cura dos outros. Quando entramos em contato com esse lugar infinito dentro de nós, onde somos Completos, a doença não pode permanecer no corpo. E, como estamos todos interligados, não existe nenhuma razão pela qual o estado de bem-estar de uma pessoa não possa tocar os outros, elevando-os e ativando sua recuperação. E, quando curamos os outros, curamos a nós mesmos e ao planeta. A separação só existe em nossa mente.

Minha vida tem tido os seus altos e baixos, e em algumas ocasiões sinto que tenho que realmente me esforçar para ficar centrada. Tenho que lidar com muitas coisas do dia a dia, como executar as tarefas domésticas e pagar as contas, e desde a minha EQM tenho tido dificuldade em me concentrar nesses detalhes. No entanto, nunca fico muito longe de encontrar novamente meu lugar no universo e sentir as seguintes palavras em minha alma: *Vá e viva a sua vida destemidamente!*

Também descobri que, embora tenha feito alguns novos amigos – inclusive um, em particular, que tem realmente me ajudado a entender e processar a minha experiência –, pareço ter dificuldade em voltar a me relacionar com muitos dos meus antigos amigos. Não sou mais tão sociável quanto era no passado, e não gosto mais das mesmas coisas. Eu tinha muitos amigos antes, mas agora eu só admito muito poucas pessoas na vida privada, muitas das quais conheci por intermédio de um grupo ligado à EQM no decorrer dos últimos anos. Alguns de nós ficamos muito próximos, e outros tiveram experiências semelhantes à minha.

Eu também ainda sou dedicada aos membros da minha família imediata – meu marido, minha mãe e meu irmão. Eles estiveram comigo durante a minha crise e nas minhas horas de necessidade, e me sinto muito apegada a eles. Ficou difícil para mim me sentir tão próxima de outras pessoas.

Não é que eu procure ser solitária. Ainda tento me comunicar com os outros e realmente gosto de ajudar as pessoas a adquirir um maior entendimento, o que faço por meio dos textos que escrevo e do meu trabalho atual como instrutora cultural. E, como você verá no próximo capítulo, o fato de me permitir ser eu mesma causou um enorme impacto em mim nessa grande aventura.

CAPÍTULO 14

A cura é apenas o começo

O livro que você tem nas mãos é uma prova do que ocorreu quando deixei as coisas acontecerem. Quero compartilhar com você a série de sincronicidades que teve que acontecer para que este livro pudesse existir.

Imediatamente depois da minha EQM e subsequente cura, fiquei eufórica e tive vontade de gritar aos quatro ventos o que eu sabia! Queria que todo mundo soubesse o que tinha acontecido comigo e sentisse o que eu estava sentindo. No entanto, ao mesmo tempo, eu me via apreensiva em divulgar abertamente tudo isso e tomar medidas claras para publicar a minha história ou ser alvo de atenção. Eu, simplesmente, não me sentia preparada para lidar com toda a atenção e escrutínio que sentia que iria atrair.

Como o *yin* parece se combinar com o *yang* no ciclo da vida, descobri que, embora eu estivesse um tanto preocupada a respeito de como a minha experiência seria recebida, alguma coisa ainda me dizia que eu precisava compartilhá-la com uma audiência muito mais vasta. Havia tanto o desejo de falar a respeito do assunto quanto a necessidade de recuar. Eu sabia que, no momento certo – e quando eu me sentisse interiormente pronta –, o caminho para uma maior atenção e exposição se desdobraria com a facilidade que eu sentira durante a minha EQM.

Nesse meio-tempo, simplesmente segui o entendimento que adquirira com minha experiência e que descrevi no capítulo anterior. Permaneci fiel a mim mesma e me empenhei em viver da maneira que eu me sentisse mais satisfeita – seguindo minha felicidade, por assim dizer. Eu estava certa de que aqueles que estavam prontos ou precisavam ouvir o que eu tinha a dizer me encontrariam. Então permaneci aberta o tempo todo com relação a até onde a minha mensagem se propagaria espontaneamente. Basicamente, me mantive em um estado de deixar que as coisas acontecessem quando se tratava deste assunto, mas nada me preparou para o que iria se desenrolar...

EM MARÇO DE 2011, EU ESTAVA NOS EMIRADOS ÁRABES UNIDOS, visitando uma amiga íntima de infância, a Sunita, que acabara de inaugurar lá um centro de treinamento holístico. Ela me convidou para visitá-la e contar a minha história para uma audiência em Dubai, e eu estava muito feliz porque tudo correra extremamente bem. Eu estava insegura com relação a como seria recebida e fiquei agradavelmente surpresa. Na realidade, a visita pareceu precipitar uma mudança interior que me abriu para, finalmente, me sentir pronta para compartilhar a minha história com o mundo maior.

Pela primeira vez desde minha EQM, senti uma transformação na sala onde eu estava falando – mas a mudança, na verdade, foi dentro de mim, embora tenha afetado todos os presentes. Fiquei admirada com a cura que estava ocorrendo diante de mim. As pessoas estavam obtendo o que precisavam a partir da minha experiência, e todos sentiram alguma coisa acontecer de uma maneira muito poderosa.

Reconheci, novamente, que os outros precisavam saber o que eu havia vivenciado! Compreendi que tinha interrompido a comunicação ao não permitir que esse *verdadeiro eu* fluísse. Uma vez mais, eu estivera ocultando o meu verdadeiro eu por estar com medo e apreensiva. Desse modo, foi em Dubai que me senti novamente em contato com o meu eu magnífico e expandido. Eu estava pronta para receber o que a vida iria me oferecer. Naquela sala, abandonei todas as minhas inibições com relação a compartilhar a minha experiência com o mundo, embora não tivesse a menor ideia de como seria recebida. Eu estava disposta a enfrentar o desconhecido e confiar na ambiguidade.

Até aquele momento, eu achava que a EQM era especial apenas para mim, e, embora eu tivesse trazido de volta uma mensagem para transmitir para outras pessoas, a cura parecia beneficiar principalmente a *mim*. Essa era parte da razão pela qual eu estava apreensiva com relação a compartilhar a minha história – eu não estava plenamente consciente de como os outros iriam se beneficiar da minha experiência. Entretanto, naquele dia, naquela sala, alguma coisa mudou. Enquanto eu observava a reação das outras pessoas e a transformação que estava ocorrendo, compreendi, de repente, que tanto o fato de eu ter contraído câncer quanto a minha cura haviam sido na verdade *para o planeta*. Se somos todos Um, o que acontece comigo acontece com todos. E o que acontece *para* mim também acontece *para* todo o universo. Compreendi que o motivo pelo qual eu ficara doente e depois optara por voltar foi servir como um instrumento para que a cura ocorresse com outras pessoas – não apenas a cura física, mas também, o que é mais importante, a cura emocional, já que nossos sentimentos são, na verdade, o que impulsiona nossa realidade física.

Anteriormente, eu também havia pensado que minha cura do câncer era o clímax da minha jornada – parecia ser o pináculo de tudo o que acontecera em minha vida e o fim da minha história. Mas em Dubai compreendi que minha recuperação era apenas o começo. Era o início de um novo capítulo de maior expansão, e tudo o que eu tinha que fazer era entrar na ambiguidade.

Uma vez mais, eu sabia que não teria que fazer nada; as coisas se desenrolariam desde que eu *permitisse* que elas acontecessem. E, naquele momento, pensei: "Vá em frente! Estou aberta a qualquer coisa que você tenha guardado para mim! Agora eu entendo!".

Eu estava em Dubai havia uma semana quando acordei, no dia 16 de março, e cheguei a minha caixa de entrada, esperando encontrar e-mails de amigos e membros da família me desejando muitas felicidades em meu aniversário. Para meu espanto, havia uma mensagem de um assistente editorial da Hay House que dizia: "Wayne Dyer tornou-se um grande fã seu depois de ler a respeito da sua experiência de quase morte. Se você estiver interessada em escrever um livro a respeito da sua experiência, a Hay House teria muito interesse em trabalhar com você para desenvolvê-lo e publicá-lo".

Ao ler essas palavras, não pude impedir que lágrimas descessem pelo meu rosto. Que surpresa de aniversário incrível e maravilhosa! Que confirmação dos meus sentimentos da véspera!

Eu já tinha começado a escrever um livro e tinha pensado um pouco a respeito de como publicá-lo, mas a façanha parecia intimidante e bem além da minha capacidade. E, até o dia anterior, eu não estava completamente preparada para me estender em direção ao mundo maior.

Ainda assim, no decorrer dos meses anteriores, muitas pessoas tinham me perguntado se eu estava escrevendo um livro a respeito da minha experiência de quase morte. Quando eu respondia que estava, elas perguntavam se eu já tinha encontrado uma editora, e eu dizia que não.

Muitas me diziam o seguinte: "Embora sua história seja incrível, é realmente difícil conseguir hoje em dia que um editor leia um manuscrito. Existe hoje no mercado uma quantidade tão grande desse tipo de textos espirituais, que ninguém provavelmente olharia para o seu. Esteja preparada para ouvir recusa atrás de recusa".

Também me diziam: "Você precisa de um agente literário para conseguir que o seu original chegue à mesa do editor. Eles não olham para nada que não chegue por intermédio de um agente literário", e "O melhor que você tem a fazer é publicar você mesma o seu livro. Isso é bem mais fácil!".

Eu retrucava da seguinte maneira a cada uma dessas pessoas: "Na verdade, não pretendo sair batendo na porta das editoras e tampouco implorar às pessoas que aceitem meu livro. A minha história se propagará no ritmo em que está destinada, e se ela estiver destinada a atingir as massas, o universo conspirará para que isso aconteça".

Nesse ponto, também mencionei para vários amigos que, entre todas as opções existentes, eu sonhava que um dia meu livro fosse publicado pela Hay House, porque achava que eles eram os melhores para esse tipo de livro e eu adorava os seus autores. Dei uma olhada no website da editora e descobri que eles só aceitavam originais que fossem encaminhados por intermédio de um agente literário. Eu nem mesmo sabia como procurar um agente, de modo que, simplesmente, parei de pensar no assunto e dei seguimento a minha vida.

Como expliquei anteriormente, desde a minha EQM, sentira que alguma coisa importante estava acontecendo. Eu me sentia guiada e orientada, mesmo nos momentos em que minha vida não parecia estar tomando um rumo particular. Eu ainda acreditava no que sentira durante a minha experiência e sabia que tudo estava bem e era como deveria ser. Receber o e-mail da Hay House confirmou que o que eu estivera sentindo o tempo todo estava absolutamente certo.

É claro que respondi entusiasmada, dizendo: "– *Sim, sim, sim!*". Eu até mesmo contei para o assistente editorial que era meu aniversário, e que o e-mail dele tinha sido um presente encantador!

ALGUNS DIAS DEPOIS, QUANDO ESTAVA DE VOLTA À MINHA CASA em Hong Kong, recebi uma mensagem da minha velha amiga Veronica Lee, dizendo-me que ela estava ouvindo o programa de rádio do Wayne Dyer quando ele falou a meu respeito e da minha EQM. Ela disse que ele falara sobre mim durante várias semanas seguidas, de modo que entrei no website da Hay House Radio, acessei os arquivos e comecei a ouvir. De fato, lá estava Wayne falando a respeito da minha experiência, semana após semana! É claro que fiquei emocionada ao ouvi-lo falar sobre mim para uma audiência tão grande. Relativamente pouco tempo depois, eu quis fazer uma surpresa para o Wayne e decidi telefonar para o programa quando ele estivesse no ar, aceitando telefonemas e respondendo às perguntas. Por causa do fuso horário, o programa vai ao ar às 4 horas da manhã no horário de Hong Kong. Sendo assim, coloquei o alarme para despertar às 3h30, me levantei, me sintonizei on-line e comecei a discar. Nas primeiras tentativas, a linha estava ocupada; mas, para minha empolgação, finalmente consegui completar a chamada – e ainda não eram nem mesmo 4 horas da manhã.

A pessoa que atendeu ao telefone perguntou meu nome e de onde eu estava telefonando. Em seguida, fui deixada na espera. Quando o programa efetivamente começou, depois da introdução e outras coisas, a produtora do Wayne, Diane Ray, disse: – Oh, veja, temos uma chamada de Hong Kong. Por que não aceitamos esta?

Meu coração fraquejou quando eu a ouvi dizer disso. (Mais tarde eu soube que é extremamente difícil conseguir ligar para o programa de rádio do Wayne.)

Mesmo antes de eu estar na linha, o Wayne disse: – Oh, meu Deus. Acho que eu sei quem deve ser! Você é quem estou pensando?

– Olá, sou a Anita – respondi.

– Oh, meu Deus, é a Anita, que teve a EQM! Estou emocionado por ter você no meu programa! – exclamou Wayne. – Diane, por favor, adie todos os outros telefonemas. Vou passar o resto do programa com este! – Em seguida, ele pediu que eu contasse a minha história no ar.

Depois que o programa terminou, Wayne pediu que eu permanecesse na linha. Conversamos um pouco mais, e ele me disse que ficaria honrado em escrever o prefácio do meu livro, se eu o deixasse fazer isso.

Eu pensei: "Se eu deixasse – você está brincando? Eu ficaria encantada!".

Wayne então me disse que imprimira toda a minha história de EQM publicada on-line, que tem cerca de 21 páginas. Ele fizera cerca de quarenta cópias e as distribuíra para todo mundo que conhecia. Ele a compartilhara com sua mãe, e ela se sentira muito confortada pela história. Ele também me disse que havia me citado várias vezes em seu último livro, *Wishes Fulfilled*.

Tudo o que eu conseguia pensar era: "Isto está realmente acontecendo? Wayne Dyer me citou várias vezes em seu último livro?".

Trocamos então informações de contato, e Wayne me disse que eu poderia ligar para ele sempre que quisesse.

Eu estava muito feliz. Passei os dias seguintes flutuando, incapaz de comer ou dormir, em um estado de constante excitação. Eu sentira que estava à beira de alguma coisa realmente importante, e sabia que esse seria um teste que desafiaria a minha capacidade de "ficar na minha" e não fazer nada que não fosse ser eu mesma, aproveitar o momento e deixar as coisas acontecerem.

No decorrer das semanas seguintes, tive muitas oportunidades de falar com Wayne por telefone, enquanto discutíamos o livro e a direção que ele tomaria, e ele leu para mim o belo prefácio que escrevera, o que novamente encheu meus olhos de lágrimas. Sou um pouco emotiva em relação a essas coisas – especialmente quando a visão da minha EQM se desenrola diante de mim.

Durante uma das nossas conversas, Wayne me disse que, quando lera pela primeira a minha experiência, ele não *pedira* às pessoas da Hay House que me localizassem. Ele *disse* que elas *tinham* que me encontrar, e que, se eu estivesse escrevendo um livro, elas *tinham* que publicá-lo!

Como você pode imaginar, fiquei perplexa com essa revelação, e perguntei como ele havia tomado conhecimento da minha experiência. Ele disse que ouvira falar de mim por intermédio de uma mulher chamada Mira Kelley, que mora em Nova York, e depois ele nos apresentou por e-mail. Mira e eu começamos a nos corresponder e falar por telefone, e ela me falou a respeito dos incríveis pequenos eventos que tiveram que ocorrer, na hora exata, para que Wayne tivesse acesso à minha EQM. Ele não navega on-line, e tampouco gosta de passar muito tempo no computador lendo longos artigos, de modo que não teria topado por acaso com a minha história.

Vou deixar que Mira descreva para você a cadeia de eventos com suas próprias palavras:

No dia 11 de janeiro de 2011, falei com um amigo que me disse que Wayne Dyer estava conduzindo um grupo de pessoas pela Europa, em um tour chamado "A Experiência do Milagroso". Minha intuição se fixou na palavra milagroso. Eu sabia que Wayne estava com leucemia, e ter essa informação fez com que eu compreendesse que ele estava pronto para um milagre.

Inicialmente, eu me dissuadi de entrar em contato com Wayne, mas o sentimento de que precisava falar com ele persistiu e se tornou ainda mais premente. Assumi comigo mesma que estou destinada a ser uma ferramenta nas mãos de Deus. Tenho que permitir o desabrochar de quaisquer milagres que precisem acontecer. Vários dias depois, escrevi uma carta para Wayne.

Quando ele me telefonou um mês depois, eu tinha me esquecido do incidente. Falamos rapidamente e estávamos prestes a desligar quando interrompi a despedida de Wayne. Para minha surpresa, eu disse que havia uma coisa que queria enviar para ele, uma coisa que ele precisava ler. Sem titubear um momento, ele me deu o número do seu fax.

Essa "coisa" era a história da EQM da Anita, que chegara à minha caixa de mensagens no dia anterior, por intermédio de uma lista de pessoas que trocam e-mails sobre temas espirituais. A pessoa que enviou a mensagem destacou a parte da história que dizia que todo o tempo existe simultaneamente, o que me chamou a atenção por causa do meu trabalho com regressão; e ler o relato da Anita fez com que eu sentisse aquela sensação mágica de me fixar na verdadeira vibração do meu espírito.

No momento em que Wayne e eu desligamos o telefone, surgiu novamente a pergunta: "Por quê? Por que eu havia me sentido tão impelida a compartilhar com o Wayne a história da Anita?

A única explicação que me veio à mente na ocasião foi que ela descrevia com muita perfeição aquilo em que eu acreditava e o que eu podia oferecer. Ao enviar a história da Anita para ele, eu estava dizendo: "Sei que você pode ser curado instantaneamente. Essa possibilidade existe, e, se você optar por conhecer a si mesmo como a saúde perfeita, posso ajudá-lo a criar essa realidade". Uma conversa muito mais longa teria sido necessária para que eu dissesse o que Anita expressara de uma maneira tão simples e eloquente com suas palavras.

Hoje percebo uma segunda razão. Compreendo que faço parte do processo que procura levar as palavras inspiradoras da Anita a todo o planeta. O momento foi totalmente sincrônico. Se aquele e-mail tivesse chegado antes, ele não estaria em primeiro plano nos meus pensamentos, e eu não teria enviado o material para o Wayne. Se tivesse chegado depois, ele não estaria recebendo este enorme reconhecimento. A sincronicidade dessa reunião mágica nos faz lembrar de que tudo acontece ao mesmo tempo, no mesmo momento atemporal, exatamente como Anita descobriu durante a sua EQM.

Wayne e eu concordamos em fazer uma regressão, e peguei um avião para Mauí para me encontrar com ele. No dia 15 de abril, quando cheguei à casa do Wayne, ele estava falando ao telefone. Quando desligou, me disse que estava falando com a Hay House e que a editora iria publicar o livro da Anita. Seu entusiasmo me disse que ele estava pronto para um evento pessoal milagroso. Nossa sessão foi intensamente poderosa, e compartilho a convicção dele de que está curado da leucemia.

Reli a mensagem que levara até mim a história da Anita e descobri que ela fora enviada por uma pessoa que eu não conhecia – Ozgian Zulchefil, um engenheiro que mora em Constança, na Romênia. Quando relatei para ele as impressionantes sincronicidades das quais ele fazia parte, ele respondeu que estava muito feliz e contente por eu ter me dado ao trabalho de contar para ele o ocorrido, embora não se lembrasse de onde encontrara o relato da EQM da Anita. Ele disse que isso serve como uma confirmação de que afetamos constantemente uns aos outros pelo que fazemos e dizemos, mesmo que não tenhamos consciência disso. Por conseguinte, concluiu ele, é "importante termos uma atitude realmente bondosa e positiva em cada momento da nossa vida, mesmo que não vejamos nenhuma razão para fazer isso". Não pude deixar de sorrir.

Há poucos dias, recebi um e-mail sugerindo que eu assistisse a uma estimulante entrevista com uma mulher chamada Anita Moorjani, que ficou milagrosamente curada de câncer depois de uma EQM. Uma onda de entusiasmo me invadiu quando me lembrei de como Wayne e eu tínhamos concordado em que, ao nos unirmos, tínhamos possibilitado que as poderosas palavras de amor da Anita afetassem e inspirassem milhões de pessoas. Esse e-mail que recebi foi a confirmação de que o círculo estava completo. Simultaneamente, as palavras da Anita ajudaram a criar a cura do Wayne.

Ao permitir que o Espírito se deslocasse através de mim, eu me tornei uma ferramenta nas mãos de Deus de maneira como eu nunca teria imaginado.

A história da Mira apenas reforça que somos todos – cada um de nós – facetas exclusivas e indispensáveis do universo infinito. Cada um de nós é parte integrante da tapeçaria maior que se desdobra e que está trabalhando continuamente para curar o planeta. Nossa única obrigação é ser sempre fiéis a nós mesmos e deixar as coisas acontecerem.

Quando rememoro a trajetória da minha vida, fica absolutamente claro que, em última análise, cada passo ao longo do caminho – tanto antes quanto depois da EQM, tanto os eventos que considerei positivos quanto os que percebi como negativos – foi dado em meu benefício e me trouxe aonde me encontro hoje. O que também está muito claro é que o universo me dá *apenas* o que estou pronta para enfrentar, e só faz isso *quando* estou pronta. Minha apreensão com relação à publicidade retardou o processo, e, quando essa ansiedade foi removida, recebi imediatamente a confirmação do universo por intermédio do e-mail da Hay House. "Sou eu que permito o quanto quero que entre na minha vida... ou não permito!"

O livro que você está lendo é, conforme vejo, apenas a prova mais recente disso. Não fosse o ambiente no qual cresci, e a maneira como me via e reagia enquanto experimentava tudo o que acontecia na minha vida, eu poderia muito bem não ter contraído câncer. Sem o câncer, não teria havia uma EQM, o que teria significado que eu não teria nenhuma visão especial para compartilhar com o mundo. Se qualquer uma dessas etapas tivesse sido eliminada, o resultado teria sido muito diferente. Embora eu acredite intensamente que não é necessário chegar ao estado extremo de uma EQM para ficar curado ou ter um grande propósito na vida, consigo perceber que meu caminho pessoal me conduzia a este ponto. Tudo acontece quando estamos prontos para que aconteça.

AGORA EU REALMENTE APRENDI QUE, quando fico centrada – quando compreendo qual é o meu lugar no coração do universo e *sinto* minha magnificência e minha conexão com tudo o que existe –, o tempo e a distância se tornam irrelevantes. Se você já esteve em um sono profundo, envolvido em um sonho complicado que culmina com o toque de uma campainha ou do telefone, e de repente acorda e constata que a sua campainha, ou telefone, está *efetivamente* tocando, então você vivenciou a atemporalidade. Embora o aparelho só tenha começado a tocar poucos segundos antes de você acordar, você tem a impressão de que todo o drama do sonho girou em torno desse momento final.

É assim que a vida acontece quando você, verdadeiramente, compreende que *você é um com tudo*. O tempo e o espaço deixam de ter importância. Por exemplo, recebi o e-mail da Hay House no exato momento que era apropriado para mim, mas todo um drama estava se desenrolando no lado do Wayne Dyer, que culminou no meu recebimento da mensagem!

Também quero dizer que, depois da minha EQM, as coisas ficaram muito mais fáceis. Deixei de ter medo da morte, do câncer, de acidentes ou das inúmeras coisas que costumavam me preocupar... eu só pensava em me expandir para o mundo maior! Aprendi a confiar na sabedoria do meu eu infinito. Eu sei que – junto com todas as outras pessoas – sou uma força poderosa, magnífica, amorosa e incondicionalmente amada.

Essa energia circula através de mim, me envolve e é indistinguível de mim. Ela é, na verdade, quem e o que eu realmente sou; confiar nela significa, simplesmente, confiar em mim mesma. Deixar que ela me guie, me proteja e me ofereça tudo o que é necessário para minha suprema felicidade e bem-estar acontece simplesmente por eu ser eu mesma. Preciso apenas ser o amor magnífico que eu sou e permitir que os eventos e circunstâncias da minha vida ocorram da maneira que eu *sei* que é sempre melhor para mim, a longo prazo.

Eu me desligo de resultados preconcebidos e acredito que tudo está bem. Ser eu mesma permite que a totalidade da minha magnificência única me conduza nas direções mais benéficas para mim e para todas as outras pessoas. Esta é, realmente, a única coisa que eu tenho que fazer. E, dentro dessa estrutura, tudo o que é verdadeiramente meu entra em minha vida sem esforço, de uma maneira incrivelmente mágica e inesperada, demonstrando a cada dia o poder e o amor que eu verdadeiramente sou.

PARTE

III

O que eu vim a compreender

CAPÍTULO 15

Por que eu fiquei doente... e curada

Vivenciei uma clareza tão grande durante minha EQM que a pergunta que me fazem com mais frequência quando relato minha história é a seguinte: "Então, o que causou o seu câncer?" É bastante compreensível que a maioria das pessoas esteja realmente interessada na resposta!

No entanto, antes de discutir este assunto, quero dizer algumas palavras de cautela com relação aos perigos inerentes a este tema. Um dos riscos é que o que eu venha a dizer seja compreendido como se aqueles que não se recuperam ou que ainda têm câncer e outras doenças sejam, de alguma maneira, "menos importantes" do que os que ficaram curados. *Isso simplesmente não é verdade!*

Também pode ser frustrante se o que eu disser soar excessivamente simplista, especialmente quando você ou alguém que você conhece está sofrendo. Este é um dos primeiros problemas da linguagem – às vezes, as palavras podem causar mais danos do que benefícios. Quero enfatizar que qualquer pessoa que ainda esteja com câncer ou que não tenha ficado curada é uma pessoa completamente magnífica. As razões da doença residem na jornada individual da pessoa e estão provavelmente relacionadas com o propósito pessoal dela. Posso ver agora que a minha doença era parte do motivo pelo qual estou aqui, e quer eu tivesse escolhido viver ou morrer, eu não seria menos grandiosa.

Sei que haverá pessoas que discordarão do que eu digo a respeito da cura, o que é perfeitamente aceitável. Estou apenas expressando o que senti que aconteceu dentro de mim naquela ocasião, na esperança de que minhas palavras possam ajudar alguém.

COMO EU DISSE, A PERGUNTA QUE AS PESSOAS me fazem com mais frequência é por que eu acho que tive câncer. Posso resumir a resposta em uma palavra: *medo.*

Do que eu tinha medo? Praticamente de tudo, inclusive de fracassar, de que não gostassem de mim, de desapontar as pessoas e de não ser boa o suficiente. Eu também tinha medo da doença, do câncer em particular, bem como do tratamento do câncer. Eu tinha medo de viver, e a ideia de morrer me deixava apavorada.

O medo é muito sutil, e pode se insinuar sorrateiramente sem que nos demos conta. Rememorando, percebo que somos ensinados a ter medo desde uma tenra idade, embora não acredite que nasçamos dessa maneira.

Uma das coisas que acredito é que *nós já somos aquilo que passamos a vida tentando alcançar,* mas simplesmente não nos damos conta disso! Chegamos a esta vida conhecendo nossa magnificência. Não sei por que, mas o mundo parece desgastá-la quando começamos a crescer.

Isso começa sutilmente, com pequenas ansiedades, como achar que as pessoas não gostam de nós ou que não somos bons o bastante, talvez por ter uma aparência diferente da de nossos colegas – talvez sejamos de outra raça, altos demais, baixos demais, gordos demais ou magros demais. Queremos muito nos adaptar. Não me lembro de jamais ter sido incentivada a ser quem eu realmente era ou a ser fiel a mim mesma, e também ninguém jamais me tranquilizou dizendo que era aceitável ser diferente. Eu só me lembro daquela vozinha incômoda de desaprovação que eu escutava dentro da cabeça.

Eu queria agradar aos outros o tempo todo e tinha medo da desaprovação, independentemente de onde ela viesse. Fazia um esforço enorme para evitar que as pessoas pensassem mal de mim; e, ao longo dos anos, me perdi nesse processo. Fiquei completamente desligada de quem eu era ou do que eu queria, porque tudo o que eu fazia era concebido para obter aprovação – de todo mundo, exceto de mim mesma. Na realidade, nos anos que conduziram ao meu câncer, se alguém tivesse me perguntado o que eu queria na vida, eu teria sido obrigada a responder que, na realidade, não sabia. Estava tão envolvida com as expectativas culturais, tentando ser a pessoa que esperavam que eu fosse, que de fato não sabia o que era importante para mim.

Depois que minha melhor amiga, a Soni, e o cunhado do Danny foram diagnosticados com câncer, comecei a desenvolver um profundo medo da doença. Senti que se o câncer podia atacá-los, poderia atacar qualquer pessoa, de modo que comecei a fazer todo o possível para não ficar doente. No entanto, quanto mais eu lia a respeito da prevenção, mais eu sentia que tinha motivos para sentir medo. Eu tinha a impressão de que tudo causava câncer. Li a respeito de como os patógenos no ambiente e na comida eram carcinogênicos. Usar o micro-ondas, recipientes de plástico para guardar alimentos, comer qualquer coisa que contivesse conservantes, falar ao telefone celular – tudo parecia causar câncer. A lista era simplesmente interminável.

Eu não tinha medo apenas da doença em si; eu também tinha medo do tratamento – a quimioterapia. Como descrevi anteriormente, a Soni morreu enquanto estava fazendo quimioterapia, e isso só fez exacerbar meus temores.

Pouco a pouco, eu me vi apavorada com a ideia tanto de morrer quanto de viver. Era quase como se estivesse sendo enjaulada pelo meu medo. Minha experiência de vida estava ficando cada vez mais restrita, porque, para mim, o mundo era um lugar ameaçador. Foi quando recebi o diagnóstico de câncer.

EMBORA EU PARECESSE ESTAR LUTANDO CONTRA A DOENÇA, acreditava que o câncer era uma sentença de morte. Fiz mecanicamente tudo o que eu podia, mas bem no fundo ainda acreditava que não iria conseguir. E tinha um medo enorme da morte.

O fato de os pesquisadores repetirem continuamente que estavam "tentando encontrar uma cura para o câncer" era uma indicação, para mim, de que não havia nenhuma solução conhecida. Isso parecia ser um fato aceito, pelo menos no mundo médico convencional. Ser informada de que a medicina convencional era a única opção, embora essa disciplina admitisse que a doença não tinha cura, era o bastante para eu ser invadida por um profundo sentimento de terror. A palavra *câncer* em si era suficiente para causar medo, e conhecer as deficiências científicas apenas endossava o sentimento de que eu ia morrer.

Mesmo assim, tentei fazer tudo o que podia, mas a doença parecia estar progredindo e ficando pior. Embora a maioria das pessoas me aconselhasse a fazer o contrário, optei pela cura alternativa porque sentia que, com a terapia convencional, eu estava condenada desde o início. Em vez disso, adotei todas as modalidades de que tinha conhecimento e, como mencionei anteriormente, pedi demissão do meu emprego e dediquei quatro anos a esse processo.

Tentei a cura pela fé, a oração, a meditação e sessões de cura energética. Li todos os livros que consegui encontrar a respeito do câncer, aprendendo todas as possíveis conotações conferidas à doença. Trabalhei com a terapia do perdão, e perdoei todas as pessoas que eu conhecia – e em seguida as perdoei de novo. Viajei pela Índia e pela China, encontrando-me com monges budistas, yogues indianos e mestres iluminados, esperando que eles me ajudassem a encontrar respostas que conduzissem à cura. Tentei ser vegana, meditei no topo de montanhas, pratiquei yoga, ayurveda, a harmonização dos chakras, medicina fitoterápica chinesa, cura prânica e Chi Gong.

Mas, apesar de tudo isso, meu câncer continuava a piorar. Minha mente estava em um estado de total confusão enquanto eu continuava a me perder cada vez mais em diferentes modalidades de cura, tentando tudo apenas para permanecer viva, enquanto minha saúde continuava a se deteriorar. Como descrevi anteriormente, meu corpo, com o tempo, parou de absorver nutrientes, e meus músculos definharam até que não pude mais andar. A cadeira de rodas se tornou minha única forma de mobilidade. Minha cabeça pendia do pescoço como uma bola de boliche tamanho gigante, e eu não conseguia respirar sem o cilindro de oxigênio portátil que nunca saía do meu lado. Quando eu dormia, meu marido ficava acordado a noite inteira apenas para se certificar de que eu ainda estava respirando. Minha mãe ajudava a cuidar de mim porque eu não conseguia cuidar de mim mesma. Era muito difícil para todos nós, e eu podia sentir a dor deles, além da minha.

Simplesmente, não consigo descrever a intensidade do horror que eu estava vivendo dia após dia, enquanto meu corpo continuava a se deteriorar. Eu sabia que minha vida estava por um fio. Participava de grupos de cura espiritual, e até me disseram que o que estava acontecendo era escolha minha. Também ouvi que o mundo é uma ilusão.

Fui ficando cada vez mais frustrada e assustada, pensando: por que eu escolheria isto? Como posso fazer uma escolha diferente? Se isto é uma ilusão, por que parece tão real? Se Deus ouve todas as preces, por que não está ouvindo as minhas? Eu vinha me esforçando muito para perdoar, me purificar, realizar as práticas de cura, rezar e meditar o máximo possível. Eu simplesmente não conseguia entender por que aquilo estava acontecendo comigo.

Mas quando, finalmente, ficou difícil demais aguentar, eu entreguei os pontos. Houve uma total liberação interior. Depois do câncer devastar meu corpo durante mais de quatro anos, eu estava simplesmente fraca demais para continuar... sendo assim, capitulei. Estava cansada. Sabia que o passo seguinte seria a morte, e eu finalmente chegara ao ponto em que a acolhi com prazer. Qualquer coisa tinha que ser melhor do que aquilo.

Foi quando entrei em coma e meus órgãos começaram a parar de funcionar. Eu sabia que nada poderia ser pior do que o que minha família e eu estávamos passando. Desse modo, comecei a mergulhar em direção à morte.

A ESFERA QUE VIVENCIEI QUANDO MEU CORPO parou de funcionar me permitiu enxergar minha magnificência sem estar distorcida pelo medo. Eu me conscientizei do poder maior ao qual tinha acesso.

Quando parei de me agarrar à vida física, não senti que precisava fazer nada em particular para entrar na outra esfera, como rezar, entoar cânticos, usar mantras, o perdão ou qualquer outra técnica. Prosseguir foi mais próximo de não fazer absolutamente *nada*. Era mais como dizer o seguinte, para ninguém em particular: "Tudo bem, não tenho mais nada para dar. Eu me rendo. Leve-me. Faça o que quiser comigo. Faça as coisas do seu jeito".

Enquanto eu estava naquele estado de clareza na outra esfera, instintivamente compreendi que estava morrendo por causa do meu medo, de todos os meus temores. Não estava expressando meu verdadeiro eu porque minhas preocupações estavam me impedindo de fazer isso. Entendi que o câncer não era uma punição ou algo parecido. Era apenas minha própria energia manifestando-se como câncer porque meus temores não estavam deixando que eu me expressasse como a força magnífica que eu estava destinada a ser.

Naquele estado expansivo, compreendi como eu me tratara e julgara severamente a vida inteira. Ninguém estava me punindo. Finalmente entendi que era a *mim* que eu não tinha perdoado, e não às outras pessoas. Era *eu* que estava me julgando, que me abandonara e que não me amava o suficiente. Não tinha nada a ver com mais ninguém. Eu me vi como uma bela filha do universo. O simples fato de que eu existia me tornava digna do amor incondicional. Compreendi que não precisava *fazer* nada para merecer isso – não precisava rezar, implorar ou qualquer outra coisa. Percebi que nunca havia me amado, valorizado ou enxergado a beleza da minha alma. Embora a magnificência incondicional sempre tivesse estado presente para mim, senti como se a vida física a tivesse, de alguma maneira, descartado ou até mesmo corroído.

Essa compreensão me fez entender que eu não tinha mais nada a temer. Enxerguei aquilo a que eu – a que todos nós – temos acesso. E, então, fiz uma escolha poderosa: decidi voltar. Essa decisão, tomada naquele estado desperto, foi a força motriz mais poderosa do meu retorno. Quando acordei novamente em meu corpo, sabia que cada célula reagiria à minha decisão de voltar, de modo que eu tinha certeza de que iria ficar bem.

De volta ao meu eu físico no hospital, compreendi que tudo depois daquilo – todos os exames, biópsias e medicamentos – estava sendo feito para satisfazer àqueles que estavam à minha volta. Embora grande parte do tratamento fosse extremamente dolorosa, eu sabia que iria ficar bem. O meu eu magnífico e infinito tinha decidido continuar a viver e se expressar através daquele corpo, de modo que nada neste mundo poderia afetar essa decisão.

QUERO DEIXAR CLARO QUE MINHA CURA ocorreu mais por eu finalmente ter deixado que meu verdadeiro espírito se manifestasse do que por causa de uma mudança em meu estado mental ou em minhas convicções. Muitos me perguntaram se alguma coisa como o pensamento positivo causou minha recuperação, e a resposta é *não*. O estado no qual eu estive durante minha EQM era bem além da mente, e fiquei curada simplesmente porque meus pensamentos prejudiciais ficaram completamente fora do caminho. Eu não estava em um estado de pensar, e sim em um estado de *ser*. Era pura consciência – o que eu chamo de magnificência! Esse estado de Unicidade transcende a dualidade. Fui capaz de entrar em contato com quem eu realmente sou, com a parte de mim que é eterna, infinita e abrange o Todo. Esse, decididamente, não foi um caso da mente sobre a matéria.

Não estou defendendo a ideia de que, se "acreditarmos" de uma certa maneira, eliminaremos a doença ou criaremos uma vida ideal. Isso pode, às vezes, ser excessivamente simplista. Mais exatamente, estou mais voltada para a autoconsciência, o que é diferente. Ficar arraigados a convicções que não são mais úteis para nós pode nos manter presos em um estado de dualidade e nos colocar em um constante estado de crítica. Aquilo que endossamos é considerado "bom" ou "positivo", e aquilo em que não acreditamos não é considerado dessa maneira.

Isso também nos coloca na posição de precisar defender as nossas convicções quando os outros não concordam com elas. E quando empregamos um excesso de energia na defesa, nós relutamos em desistir, mesmo quando as ideias não são mais úteis para nós. É quando as nossas convicções começam a nos possuir em vez de nós sermos donos delas.

Estar consciente, por outro lado, significa apenas compreender o que existe e o que é possível – sem fazer julgamentos. A consciência não precisa ser defendida. Ela se expande com o crescimento e pode ser abrangente, conduzindo-nos para mais perto do estado da Unicidade. É aí que os milagres acontecem. Em contrapartida, as convicções só aceitam o que consideramos verossímil, enquanto mantêm de fora todo o resto.

Assim, a resposta é não, não foram minhas convicções que causaram a minha cura. Minha EQM foi um estado de pura consciência, que é um estado de completa suspensão de todas as doutrinas e dogmas anteriormente defendidos. Isso possibilitou que meu corpo se "reinicializasse". Em outras palavras, uma ausência de convicções foi necessária para a minha cura.

No momento em que abandonei completamente o meu forte desejo de permanecer viva, eu vivenciei a morte. E, ao morrer, compreendi que não estava na minha hora. Quando me dispus a abrir mão do que eu queria, recebi o que era verdadeiramente meu. Entendi que esta última coisa é sempre a maior dádiva.

Desde minha EQM, aprendi que ideologias fortemente defendidas na verdade trabalham contra mim. Precisar atuar a partir de convicções concretas limita as minhas experiências porque me mantém apenas dentro do âmbito do que eu conheço – e meu conhecimento é limitado. E se eu me restringir somente ao que sou capaz de conceber, estarei refreando o meu potencial e o que deixo entrar em minha vida. No entanto, se eu for capaz de aceitar que meu conhecimento é incompleto, e se conseguir ficar à vontade com a incerteza, isso me abre para a esfera de infinitas possibilidades.

Descobri que, depois da minha EQM, os momentos em que sou mais forte são aqueles em que sou capaz de entregar os pontos, abandonar minhas crenças e também minhas descrenças, e permanecer aberta a *todas* as possibilidades. Também é nesses momentos que eu pareço ser capaz de vivenciar a maior clareza interior e sincronicidades. Sinto que o próprio ato de *precisar* de segurança impede que eu vivencie níveis mais elevados de consciência. Em contrapartida, o processo de entregar os pontos e liberar todo o apego a qualquer convicção ou resultado é catártico e saudável. A dicotomia é que, para que uma verdadeira cura ocorra, eu preciso abandonar a necessidade de ficar curada e apenas desfrutar e confiar no passeio que é a vida.

Era importante para mim me conscientizar de que sou muito mais do que a minha biologia, que sou uma coisa infinitamente maior. E, uma vez mais, quero reiterar que as doenças não são culpa nossa! Pensar dessa maneira pode ser frustrante para qualquer pessoa que esteja doente. Mas *estou* dizendo que nossa biologia reage a nossa consciência; nossos filhos, animais e nosso ambiente também reagem. Nossa consciência pode mudar as condições do planeta de uma maneira muito mais vasta do que imaginamos. Isso é assim porque estamos todos interligados; não me canso de repetir isso!

Para mim, o primeiro passo em direção à percepção consciente é entender como a natureza pretendia que as coisas fossem. Significa estar consciente do nosso corpo e do nosso ambiente imediato, e ser capaz de respeitar a essência das coisas sem precisar que elas sejam diferentes – e isso inclui nós mesmos. Precisamos entender a magnificência de como o universo *destinou* que fôssemos, sem precisar mudar. Não tenho que tentar corresponder às expectativas de perfeição dos outros e depois me sentir inadequada quando, miseravelmente, fracassar.

Estou no auge do meu poder quando me permito ser quem a vida pretendeu que eu fosse – motivo pelo qual minha cura só aconteceu quando toda ação consciente da minha parte havia cessado completamente e a força vital assumiu o controle. Em outras palavras, estou no auge do meu poder quando estou trabalhando *com* a vida, e não *contra* ela.

PARA MIM, É MUITO FÁCIL FALAR A RESPEITO DA CURA depois de tê-la vivenciado, ou dizer para você que simplesmente confie e entregue os pontos, deixando que o fluxo da vida assuma o controle; mas, quando você está passando por um período realmente ruim, é difícil fazer isso – ou até mesmo saber por onde começar. No entanto, acho que a resposta é mais simples do que parece, e é um dos segredos mais bem guardados da nossa época: a importância de *amar a si mesmo*. Você pode fechar a cara ou se encolher de medo diante dessa ideia, mas não consigo enfatizar o suficiente o quanto é importante cultivar um profundo caso amoroso consigo mesmo.

Não me lembro de *jamais* ter sido incentivada a gostar de mim mesma – na realidade, nunca nem mesmo me teria ocorrido fazer isso. Essa ideia é geralmente considerada uma coisa egoísta. Entretanto, minha EQM me permitiu compreender que esse era o segredo da minha cura.

Na tapeçaria da vida, estamos todos conectados. Cada um de nós é uma dádiva para os que estão à nossa volta, ajudando uns aos outros a ser quem somos, tecendo juntos uma imagem perfeita. Quando eu estava no estado da EQM, tudo ficou muito claro para mim porque compreendi que *ser eu mesma* é *ser amor*. Essa foi a lição que salvou a minha vida.

Muitos de nós ainda acreditam que temos de nos esforçar para ser amorosos, mas isso significa viver na dualidade, porque existe alguém que dá e alguém que recebe. A compreensão de que *somos* amor transcende isso. Significa entender que não existe nenhuma separação entre você e eu, e, se eu estou consciente de que sou amor, então eu sei que você também é. Se eu me importo comigo mesma, então automaticamente sinto o mesmo por você!

No meu estado da EQM, compreendi que todo o universo é composto por amor incondicional, e eu sou uma expressão disso. Cada átomo, molécula, *quark* e *tetraquark* é feito de amor. Não posso nada além disso, porque essa é a minha essência e a natureza de todo o universo. Até mesmo coisas que parecem negativas fazem parte do espectro infinito e incondicional do amor. Na realidade, a energia da força vital Universal *é* amor, e sou composta de energia universal! Compreender isso me fez perceber que não precisava tentar me tornar outra pessoa para ser digna e valiosa. Já sou tudo o que eu poderia tentar ser.

Analogamente, quando sabemos que *somos* amor, não precisamos nos esforçar para ser amorosos com os outros. Em vez disso, temos apenas que ser fiéis a nós mesmos, e nos tornarmos instrumentos da energia amorosa que toca todos aqueles com quem entramos em contato.

Ser amor também significa estar consciente da importância de cultivar a minha alma, cuidar das minhas necessidades, e deixar de me colocar o tempo todo em último lugar. Isso possibilita que eu seja fiel a mim mesma em todas as ocasiões e trate a mim mesma com um total respeito e bondade. Também permite que olhe para o que pode ser interpretado como imperfeições e erros sem fazer julgamentos, enxergando apenas oportunidades de experimentar e aprender com amor incondicional.

As pessoas me perguntam se existe algo como um excesso de amor por si mesmo. Onde está o limite, perguntam elas, a partir do qual a pessoa começa a se tornar egoísta ou narcisista? Para mim, isso não faz sentido. Não existe nenhum limite. O egoísmo procede da *falta* de amor por si mesmo. Tanto nosso planeta quanto nós, seres humanos, estamos sofrendo dessa carência, junto com um excesso de insegurança, crítica e condicionamento. Para poder me importar incondicionalmente com alguém, preciso me sentir dessa maneira com relação a mim mesma. Não posso passar adiante o que não tenho. Afirmar que tenho mais consideração por outra pessoa do que por mim mesma não é autêntico e significa que estou apenas representando.

Quando estou *sendo amor*, não fico depauperada e não preciso que as pessoas se comportem de uma determinada maneira para que eu me sinta apreciada ou para que compartilhe com elas meu verdadeiro eu. E, quando não julgo a mim mesma, eu me sinto da mesma maneira com relação aos outros.

Por causa disso, aprendi que é importante não ser dura demais comigo mesma se eu estiver enfrentando desafios. Muitas vezes, o problema não é a causa do aparente conflito. Em vez disso, a causa é a maneira como eu me julgo. Quando paro de ser o meu pior inimigo e começo a me amar mais, automaticamente passo a ter cada vez menos atritos com o mundo que me cerca. Eu me torno mais tolerante e indulgente.

Quando percebemos individualmente a nossa magnificência, não sentimos necessidade de controlar os outros, e não nos permitimos ser controlados. Quando despertei no meu eu infinito, fiquei impressionada ao entender que minha vida poderia ser radicalmente diferente apenas por eu compreender que *sou* amor, e sempre fui. Não tenho que fazer nada para merecê-lo. Entender isso significa que estou trabalhando com a energia da força vital, ao passo que *representar* que sou amorosa indica que estou trabalhando contra ela.

Compreender que *sou* amor foi a lição mais importante que aprendi e que permitiu que eu liberasse todo o medo, e esse foi o segredo que salvou a minha vida.

CAPÍTULO 16

Os eus infinitos e a energia universal

Durante minha experiência de quase morte, eu me senti como se estivesse conectada ao universo inteiro e a tudo que ele contém; e parecia que o cosmos estava vivo e era dinâmico e consciente. Descobri que cada pensamento e emoção que eu tinha, e cada ação que praticava, causava um efeito no Todo. Na realidade, naquela esfera de Unicidade, senti como se todo o universo fosse uma extensão de *mim*. É claro que essa compreensão mudou radicalmente a maneira como eu vejo as coisas. Todos nós estamos criando em conjunto este mundo, e nossa vida dentro dele, por meio de nossas emoções, pensamentos e ações.

A linguagem não é uma ferramenta adequada para expressar uma coisa que não pode ser percebida com os nossos cinco sentidos físicos, de modo que encontrar as palavras certas para expressar o meu entendimento do que aconteceu durante a experiência é um verdadeiro desafio. No entanto, farei o possível para transmitir neste capítulo, o mais claramente possível, o que eu sinto a respeito deste mundo, como transitamos nele e como ele está mudando para melhor.

Em primeiro lugar, é importante compreender que minha EQM não foi semelhante a nenhum outro evento que eu já vivenciei. Ela não teve um princípio e um fim claros. Foi mais como uma porta que, uma vez aberta, nunca mais se fecha. Ela iniciou um entendimento contínuo, progressivo e mais profundo, além de novas possibilidades que nunca terminam.

Como as palavras são uma ferramenta inadequada para expressar esse tipo de fenômeno, o que eu escrevo aqui se destina apenas a despertar as emoções apropriadas dentro de você. Mesmo depois de compartilhar isto, meu próprio entendimento continuará a crescer e se expandir. Palavras levadas ao pé da letra ou aceitas como a verdade suprema podem nos manter estagnados e imobilizados, agarrados a velhas ideologias. Hoje eu sei que tudo o que preciso já está contido dentro de mim e é completamente acessível se eu me permitir me abrir para o que sinto ser verdadeiro para mim... e o mesmo vale para você.

ANTES DA MINHA EQM, PROVAVELMENTE POR CAUSA DA MINHA CULTURA, eu costumava achar que o propósito da vida era alcançar o nirvana – ou seja, evoluir além do ciclo de reencarnação de nascimento e morte, no esforço de nunca mais voltar para o mundo físico. Se eu tivesse crescido completamente mergulhada na cultura ocidental, talvez tivesse tentado ir para o céu. Na realidade, essa é uma meta relativamente comum, independentemente da cultura – viver de uma maneira que possibilite uma vida futura perfeita.

No entanto, depois da minha EQM, passei a pensar de outra maneira. Embora eu saiba que continuarei a viver além deste plano e não tenha mais medo da morte física, perdi o desejo de estar em qualquer outro lugar que não seja onde estou agora. Curiosamente, fiquei mais assentada e concentrada em enxergar a perfeição da vida neste momento, em vez de me concentrar na outra esfera.

Isso se deve, basicamente, ao fato de que o conceito da reencarnação na sua forma convencional, de uma progressão de vidas que ocorrem em sequência, uma depois da outra, não foi validado pela minha EQM. Compreendi que o tempo só se desloca de uma maneira linear se estivermos usando o filtro do nosso corpo e nossa mente físicos. Uma vez que deixamos de estar limitados por nossos sentidos terrenos, todos os momentos existem simultaneamente. Agora, eu acho que o conceito da reencarnação é, na verdade, apenas uma interpretação, uma maneira de nosso intelecto encontrar coerência no fato de toda a existência estar acontecendo ao mesmo tempo.

Nós pensamos a partir do ponto de vista de que "o tempo passa", mas na minha EQM eu senti que o tempo apenas é, e nós nos movemos ao longo dele. Isso significa que não apenas todos os pontos do tempo existem simultaneamente, mas também que, na outra esfera, podemos avançar mais rápido, mais devagar, ou até mesmo de frente para trás, e lateralmente.

No plano físico, contudo, nossos órgãos sensoriais nos limitam. Nossos olhos captam o que enxergam neste instante; nossos ouvidos ouvem da mesma maneira. A mente só pode existir em um único momento, de maneira que ela enfileira esses momentos para formar uma progressão linear. Mas, quando saímos do nosso corpo, atravessamos todo o tempo e o espaço com a consciência – não com a visão, a audição, o tato ou o olfato. Nós somos consciência pura.

Vivenciei isso quando estava no estado da EQM. Eu estava consciente do meu irmão dentro de um avião vindo me ver e de conversas que os médicos estavam tendo fora do meu quarto e no corredor. Compreendi muitos aspectos da minha vida futura, como se desenrolaria, e também o que aconteceria se eu não voltasse à vida. Isso me mostrou que o tempo, o espaço e a matéria sólida nem sempre existem da maneira como normalmente pensamos neles. Durante minha EQM, senti que poderia focalizar qualquer ponto no tempo ao qual eu precisasse ter acesso.

Por causa disso, acredito que, quando uma pessoa tem um vislumbre do que era anteriormente interpretado como "vidas passadas", ela na verdade está tendo acesso a existências *paralelas* ou *simultâneas*, porque todo o tempo existe ao mesmo tempo. E, como estamos todos interligados, é possível alcançar estados de consciência nos quais vislumbres da realidade de outras pessoas se infiltram em nosso momento presente, entrando em nossa consciência como se fossem memórias.

Minha nova perspectiva me fez matutar a respeito da nossa ênfase e propósito, refletir se a reencarnação e o tempo não existem da maneira como tantos de nós fomos criados para acreditar. E se todas as nossas metas forem o caminho errado? E se o céu, ou o nirvana, estiver na verdade *aqui* na expressão física, e não *lá* na vida futura?

SINTO QUE ESCOLHEMOS ENCARNAR em um corpo físico a fim de expressar amor, paixão e toda a gama de outras emoções humanas que não estão disponíveis para nós, separadamente, no estado de consciência pura e Unicidade. E se a vida neste planeta for o espetáculo principal, onde está a ação, e onde gostaríamos de estar?

Esta realidade é um *playground* de expressão. Parece que não estamos aqui para aprender a reunir experiências para a vida futura. Essa ideia não parece fazer muito sentido porque não precisamos de nada disso lá. Mais exatamente, estamos aqui para experimentar e promover a evolução deste universo físico e nossa vida dentro dele. Tomei a decisão de voltar quando me dei conta de que a vida aqui era o estado mais desejável para mim nesta ocasião. Não temos que esperar a morte para vivenciar o nirvana. *Nossa verdadeira magnificência existe neste momento!*

Nós, seres humanos, somos extremamente vulneráveis e temerosos com relação a esse assunto porque criamos nossas ideias sobre a vida após a morte e nossos deuses a partir do ponto de vista humano. Atribuímos a esses conceitos as mesmas propriedades físicas e valores falíveis que possuímos, e aos quais somos vulneráveis – valores como o medo, a retaliação, a condenação e a punição. Então, projetamos toda nossa força e poder em nossas criações.

No entanto, se todo o tempo e experiência existem neste momento, e estamos simplesmente avançando através deles enquanto expressamos nossa magnificência em um mundo físico, não temos nada a temer. Não temos que viver ansiosos pensando no que virá a seguir. Podemos reconhecer a energia da qual já fazemos parte, e podemos *ser amor* em cada aspecto da nossa vida.

É lamentável que continuemos a procurar respostas fora de nós mesmos – na religião, na medicina, em pesquisas científicas, livros e em outras pessoas. Achamos que a verdade está em algum lugar lá fora, que ela ainda é evasiva. No entanto, ao fazermos isso, estamos ficando cada vez mais perdidos, parecendo nos afastar de quem realmente somos. O universo inteiro está dentro de nós. As minhas respostas estão dentro de mim, e as suas também residem dentro de você. Tudo o que, aparentemente, acontece externamente está ocorrendo para ativar alguma coisa dentro de nós, para nos expandir e nos conduzir de volta para quem realmente somos.

Uso frequentemente a expressão *eu infinito* em vez de *eu superior, alma* e *espírito*. Sendo um pouco mais clara, é preciso que você entenda que estou me referindo à parte de mim que, durante a EQM, estava consciente de que não sou apenas o meu corpo – a parte de mim que sentiu que eu era uma só com cada coisa individual. Eu estava me mesclando com a consciência pura como um ser infinito e magnífico, sentindo claramente por que estou neste corpo e nesta vida neste momento do tempo. Essa também é a minha parte que compreendeu que a ilusão da separação é criada por uma excessiva identificação com o que é externo.

Acredito que, quando deixamos nosso corpo físico, os nossos eus infinitos estão todos conectados. No estado de consciência pura, somos todos Um. Muitas pessoas sentiram essa unidade durante intensas experiências espirituais ou quando estavam na natureza. Quando trabalhamos com animais ou temos bichos de estimação, nós também a sentimos. Às vezes, vivenciamos a sincronicidade e até mesmo a percepção extrassensorial (PES) e outros fenômenos semelhantes em decorrência de sermos Um com toda a criação, mas, como a maioria das pessoas não tem consciência disso, esses fenômenos não acontecem com a frequência que poderiam ocorrer.

Na verdade, não sou o meu corpo, a minha raça, religião ou quaisquer outras crenças e, aliás, ninguém é. O eu autêntico é infinito e muito mais poderoso – uma entidade completa e perfeita, que não está debilitada ou danificada de nenhuma maneira. O eu infinito já contém todos os recursos de que necessito para navegar pela vida, porque sou Uma com a energia universal. Na realidade, eu *sou* a energia universal.

Durante minha EQM, não havia nada fora da minha consciência mais ampla, porque eu era uma com a totalidade da energia universal. Tive a impressão de que eu abarcava a totalidade. Naquele estado, havia uma clareza total e tudo se tornou conhecido. Foi como me tornar tudo, e eu existia em tudo.

A capacidade de perceber minha magnificência e de compreender que o universo e eu somos um e o mesmo foi a causa da minha cura. Eu me tornei consciente de que não existe uma criação externa separada de mim – porque a palavra *externa* sugere separação e dualidade. Viver com essa conscientização possibilita que eu continue a interagir no mundo físico com força, amor e coragem.

Para explicar isso a partir de outra perspectiva, embora eu venha usando as palavras *energia universal*, saiba que posso igualmente dizer *chi*, *Prana* ou *ki*. Essas palavras significam "energia da força vital" em mandarim, híndi e japonês, respectivamente. Esse é o *chi* em Tai Chi e no Chi Gong, e é o *ki* em Reiki. Em poucas palavras, trata-se da Fonte da vida, e circula através de tudo o que é vivo. Na realidade, ela é todo o universo e é inseparável dele.

O *Chi* não julga e não discrimina. Ele flui através de nós, quer sejamos um guru elevado ou uma lesma marinha. É proveitoso pensar a respeito disso porque, uma vez que descrevemos a energia com uma palavra diferente – como *Fonte*, *Deus*, *Krishna*, *Buda* ou qualquer outro nome –, pode ser difícil para alguns de nós enxergar além do nome. Esses termos significam coisas diferentes para pessoas diferentes, e também parecem impor uma forma sobre o infinito. Com frequência, existem certas expectativas agregadas a esses rótulos, e muitas delas nos mantêm bloqueados na dualidade, de modo que encaramos essa energia como uma entidade separada de nós. Mas a energia universal, como o nosso estado de consciência pura, precisa permanecer ilimitada e informe, para que possa se tornar una conosco e criar a cura, a magia e os milagres.

Senti intensamente, durante a minha EQM, que estamos todos conectados a essa energia universal; somos todos UM com ela. Essa força vital magnífica percorre cada célula do nosso corpo. Ela não é uma entidade externa, e sim um estado de existência – um fenômeno interno. Ela está do lado de dentro, do lado de fora e em derredor. Não importa qual seja a nossa raça, cultura ou sistema de crenças. Estamos ligados a ela simplesmente porque estamos vivos – na realidade, nós *somos* essa corrente universal. Não temos que fazer nada, ser nada ou provar nada para ter acesso a ela. Somos todos seres magníficos e poderosos, e todos temos acesso a ela porque somos um só e o mesmo.

A única coisa que pode me impedir de me conscientizar dessa energia é minha mente, ou seja, meus pensamentos, particularmente minhas convicções autolimitantes a respeito de mim mesma. A profunda liberação que mencionei anteriormente, que me conduziu à EQM, foi, na realidade, o fato de meu intelecto ter capitulado completamente, levando com ele as minhas convicções autolimitantes e permitindo que a energia Universal assumisse o controle. Tão logo minha mente saiu do caminho, as comportas se abriram. Em vez de lutar contra a natureza do universo para ficar curada, deixei que o *chi* circulasse como desejasse.

Inicialmente, pode ser difícil distinguir o que está nos motivando. A diferença é que a mente está mais envolvida com *fazer*, e a alma diz mais respeito a *ser*. O eu infinito é nossa essência. Ele é quem realmente somos, como descrevi no capítulo anterior, quando expliquei a importância de ser amor. O intelecto é apenas uma ferramenta que nos permite navegar pela vida. Ele descobre como ganhar dinheiro suficiente para colocar a comida na mesa e pagar o aluguel, enquanto a alma quer apenas se expressar.

É no eu infinito que reside nossa intuição e nossos instintos. Se estivermos comprando uma casa, a mente reduzirá as opções escolhendo uma localização prática, definindo um orçamento e assim por diante. A decisão final a respeito de um lugar específico para viver, contudo, pode ser feita exclusivamente em função de um sentimento interior. Podemos ter uma sensação boa a respeito de um certo lugar, sem ter um motivo lógico para isso. Esse é o eu infinito.

Às vezes, nossa vida complicada nos faz esquecer que estamos conectados à energia universal e que temos essas habilidades naturais. Paramos de ouvir a nós mesmos e começamos a entregar nosso poder a forças externas, como chefes, professores e amigos. Bloquear nossos sentimentos também faz com que deixemos de perceber nossa própria magnificência, porque as emoções são uma entrada para a alma. Entretanto, somos seres complexos, e tentamos controlar a maneira como nos sentimos.

Quando vivemos completamente a partir da mente durante algum tempo, perdemos o contato com o eu infinito, e depois começamos a nos sentir perdidos. Isso acontece quando estamos o tempo todo no modo do *fazer*, em vez do *ser*. Este último envolve viver a partir da alma e é um estado no qual deixamos as coisas acontecerem. Significa permitir que sejamos quem e o que somos, sem fazer julgamentos. *Ser* não significa que não fazemos nada. Quer dizer apenas que nossas ações derivam de seguir nossas emoções e sentimentos, enquanto permanecemos presentes no momento. *Fazer*, por outro lado, se concentra no futuro, com a mente criando uma série de tarefas que nos leva daqui para lá, a fim de alcançar um resultado particular, independentemente do nosso estado emocional atual.

Descobri que, para determinar se minhas ações derivam de "fazer" ou de "ser", preciso apenas examinar a emoção que está por trás das minhas decisões do dia a dia. É medo ou paixão? Se tudo o que fizer a cada dia for impulsionado pela paixão e pelo prazer de viver, estou "sendo", mas se minhas ações resultarem do medo, então estou no modo do "fazer".

Quando sentimos que perdemos o rumo, achamos que há algo errado conosco – temos que fazer ou conseguir alguma coisa para nos corrigir –, de modo que procuramos as respostas do lado de fora. Esperamos que os outros nos consertem. Podemos nos sentir melhor durante algum tempo, mas isso geralmente dura pouco e, com o tempo, acabamos nos sentindo pior. No entanto, quando realmente começamos a nos sintonizar com quem a vida pretendeu que fôssemos – e nos harmonizamos com as emoções que nos motivam –, nós nos conectamos à alma da nossa magnificência. Sentimos clareza quando deixamos que essa conexão aconteça, recuperamos nosso poder, e nossa vida começa a dar certo.

Ao conseguirmos *ser* quem somos, aí sim podemos escolher aprender com gurus e mestres externos, livros ou filosofias espirituais. Nós nos conscientizamos da nossa magnificência e verdade interiores, em vez de acreditar que os outros têm um poder que nós não temos. Na realidade, quando percebemos nossa magnificência e vivemos em nossa verdadeira natureza de amor, atraímos ao mesmo tempo o verdadeiro mestre, livro ou filosofia espiritual, no momento certo!

LAMENTAVELMENTE, DEIXAR DE PERCEBER NOSSA magnificência pode causar efeitos que parecem bem maiores do que simplesmente nos sentirmos perdidos, embora tudo faça parte da mesma essência. Durante minha EQM, senti que toda condenação, ódio, ciúme, inveja e medo ocorrem porque as pessoas não percebem a sua verdadeira grandeza. A falta de conscientização da nossa perfeição faz com que continuemos a nos sentir pequenos e insignificantes, e isso vai *contra* o fluxo natural da energia da força vital – aquilo que realmente somos. Nós vamos contra nós mesmos.

Da maneira como vejo as coisas, se fôssemos incentivados a expressar quem somos verdadeiramente, todos seríamos seres muito amorosos, com cada um trazendo sua singularidade para o mundo. Os problemas e a discórdia acontecem em decorrência de *não sabermos* quem somos e não sermos capazes de mostrar nossa beleza interior. Criamos tantas opiniões a respeito do que é "perfeito", que fomos levados à duvida e à competitividade. Como sentimos que não somos bons o bastante, vivemos representando. No entanto, se todos nos conscientizássemos de nossa magnificência e nos sentíssemos bem a respeito de nós mesmos, parece-me que a única coisa que teríamos que compartilhar seria a nossa natureza exclusiva, expressada de um jeito amoroso, refletindo nosso carinho por nós mesmos.

Segue-se que os problemas que vemos no mundo não são provenientes das críticas ou do ódio que sentimos pelos *outros,* e sim por *nós mesmos.* Assim como o segredo da minha cura foi o amor incondicional por mim mesma, que eliminou o medo, o segredo para um mundo melhor é que todas as pessoas se importem com elas mesmas da mesma maneira, compreendendo seu verdadeiro valor. Se parássemos de julgar a nós mesmos, automaticamente encontraríamos cada vez menos coisas para condenar nos outros. Começaríamos a perceber a verdadeira perfeição deles. O universo está contido dentro de nós, e o que vivenciamos externamente é apenas um reflexo.

Acredito que, no fundo, ninguém é realmente mau – que o mal é apenas um produto do nosso medo, assim como o meu câncer também era. A partir da perspectiva da magnificência, até mesmo os criminosos são vítimas de suas próprias limitações, medo e dor. Se eles tivessem tido inicialmente uma verdadeira autoconsciência, jamais teriam causado algum dano. Uma mentalidade diferente – por exemplo, um estado de total confiança em vez de medo – pode recuperar até mesmo a pessoa mais depravada, da mesma maneira como reverti a situação extrema do meu câncer.

Como quase todas as pessoas não vivem nessa clareza de autoconsciência, são necessárias leis, avaliações, recompensas e punições para impedir que elas causem mal umas às outras. Se todo mundo estivesse consciente de sua própria magnificência, não seríamos mais impelidos pelo medo. Não precisaríamos de regras e prisões... ou de hospitais.

SE CADA PESSOA, DE REPENTE, SE CONSCIENTIZASSE de sua verdadeira perfeição e magnificência – digamos que todos os habitantes do planeta tivessem uma experiência espiritualmente transformadora –, nosso mundo manifesto mudaria para refletir esse novo estado. As pessoas teriam um maior poder pessoal e seriam muito menos temerosas e competitivas, o que as tornaria mais tolerantes umas com as outras. Os índices de criminalidade cairiam dramaticamente. Nosso sistema imunológico seria mais forte porque sentiríamos menos estresse e medo, e haveria, portanto, menos doenças. As prioridades mudariam porque não seríamos mais movidos pela ganância, que é outra faceta do medo. As crianças cresceriam *sendo amor* – sendo mais fortes, mais saudáveis e mais confiantes. Elas viveriam num planeta que respalda naturalmente esse modo de vida, em vez de num lugar que é hostil a ele.

Apesar dessa visão, não sinto necessidade de mudar ninguém, e muito menos o mundo. Propor-me a alterar as coisas indica que eu as considero erradas, de modo que preciso corrigi-las para que se encaixem na minha visão ou ideologia. Em vez disso, tudo é como deveria ser neste momento no tempo. Sei que minha única tarefa é *ser*. Minha função aqui é ser eu mesma – uma expressão do amor que eu sou – e enxergar a perfeição em mim mesma, nos outros e no mundo que me cerca, enquanto continuo a viver no plano físico. Isso é tudo que qualquer um de nós precisa ser.

Compreendo os papéis que todos em minha família e em meu círculo maior desempenham em minha vida, e eu na deles. Se eu não for fiel a mim mesma, então os outros à minha volta tampouco serão capazes de ser eles mesmos. Somente se eu for o meu eu exclusivo poderei permitir que os outros interajam comigo no nível do eu infinito deles.

Mantendo essa consciência, eu me sinto em harmonia com a energia universal que circula através da minha vida, expandindo-se de maneiras milagrosas e sincrônicas. Eu fico energizada, em vez de exaurida – fortalecida por *ser,* em vez de afundada por *fazer,* trabalhando *com* a energia universal em vez de *contra* ela. À medida que eu me mantenho assim, minha vida assume uma qualidade zen, no sentido que estou presente a ponto de tudo ter um sentimento dirigido, quase surreal. Nem sempre é fácil, mas certamente tornou a vida mais divertida! Ainda sou, decididamente, uma obra em andamento, mas isso é basicamente tudo o que eu tenho que fazer – ser apenas o amor que eu sou, ser *quem* eu sou. O meu universo externo ficará claro em decorrência disso, e o mesmo é verdade em uma escala grandiosa.

Assim como criamos nossa vida momento a momento, com os nossos pensamentos e emoções, também decidimos coletivamente o que é humanamente possível e o que não é. Analogamente, também pensamos que nossos costumes e valores são absolutos, mas na realidade eles são apenas um punhado de pensamentos e convicções, que adotamos ao longo do tempo como sendo verdadeiros. Eles são um constructo da nossa mente e um produto das nossas culturas, exatamente como eram todas as expectativas de gênero que moldaram o meu pensamento durante os anos da minha juventude. Como eu acreditava que esses valores eram completamente verdadeiros, eles afetaram quem eu era. Como um todo, a realidade que criamos reflete essa falta de consciência. Se os pensamentos e crenças de todo mundo fossem diferentes, teríamos criado um planeta diferente.

Parece-me que este mundo é sempre o pináculo de todos os nossos pensamentos e crenças coletivos, em sua configuração atual. Nós só nos expandimos a um grau que somos capazes de lidar, em determinado ponto, quer individual, quer coletivamente. Nós ainda julgamos aqueles que perpetram crimes exatamente dessa maneira – como criminosos que merecem ser condenados, não apenas nesta vida, mas também na vida futura! Ainda não conseguimos vê-los como vítimas do medo, criações de uma realidade que nós, como um todo, criamos.

Quando cada um de nós for capaz de olhar nos olhos dos nossos piores inimigos e ver os nossos próprios olhos olhando para nós, veremos então uma verdadeira transformação da raça humana. Todos nós, individualmente, poderemos nos concentrar em criar a realidade para nós mesmos, baseados em nossas próprias verdades, em vez de seguir cegamente o que foi estabelecido por nossas crenças e pensamentos coletivos. Ao expandir nossa consciência em um plano individual, estaremos causando uma mudança em um plano universal.

Cada um de nós é como um fio individual em uma enorme tapeçaria, tecida em um padrão complexo e colorido. Podemos ser apenas uma fibra, mas somos todos essenciais para o desenho final. Afetamos a vida de outras pessoas ao escolher ser ou não nosso verdadeiro eu. Nossa única obrigação para com os outros, nosso único propósito, é expressar nossa qualidade única e deixar que eles façam o mesmo.

Compreender que a Luz, a magnífica energia universal, está dentro de nós e *é* nós, nos modifica como indivíduos, porque estamos abertos e prontos. Dessa maneira, uma mudança mais lenta e mais profunda pode ocorrer no mundo. No próximo capítulo, vou examinar ainda mais o que vim a compreender a respeito da vida neste plano.

CAPÍTULO 17

Deixando acontecer e sendo você mesmo

Eu sei que já disse antes, mas vale a pena repetir. Hoje, vivo a minha vida a partir da alegria, em vez do medo. Essa é a simples diferença entre quem eu era antes da minha EQM e quem eu sou hoje.

Antes, sem que eu ao menos me desse conta, tudo o que fazia era evitar a dor, ou agradar as outras pessoas. Eu estava empenhada em fazer, perseguir, procurar e alcançar; e era a última pessoa que eu levava em consideração. Minha vida era regida pelo medo – de desagradar os outros, de falhar, de ser egoísta e de não ser boa o bastante. Em minha mente, eu sempre estava aquém das expectativas.

Hoje, depois da minha EQM, não sinto que tenha voltado para *realizar* nada. Eu só voltei para *ser*. Por causa disso, tudo o que faço é proveniente do amor. Eu não me preocupo mais em tentar corrigir as coisas ou em agir de acordo com regras e doutrinas. Sigo simplesmente o meu coração e sei que não posso estar errada quando faço isso. Ironicamente, acabo agradando mais às pessoas do que o meu antigo eu jamais agradou, apenas porque sou muito mais feliz e liberada!

Isso também causou um enorme impacto em minha saúde. Como hoje eu me vejo como um ser infinito, o aspecto físico cuida de si mesmo, porque ele é apenas um reflexo do que está acontecendo dentro da minha alma. O amor incondicional por mim mesma aumenta tremendamente a minha energia, e o universo age da mesma forma.

O mundo exterior reflete o que sentimos a respeito de nós mesmos. Quando abandonamos toda autocrítica negativa, possibilitamos que nosso mundo se transforme; e, quando ele faz isso, somos capazes de nos sentir cada vez mais confiantes. Quanto mais somos capazes de confiar, mais somos capazes de desistir de tentar controlar os resultados. Quando tentamos avançar com esse fluxo, em vez de aderir dogmaticamente às doutrinas alheias ou às convicções que tínhamos anteriormente, mas que não nos servem mais, refletimos com mais precisão quem e o que verdadeiramente somos.

Como descrevi anteriormente, antes da minha EQM, eu sempre procurava uma orientação externa, quer fosse buscando a aprovação de meus colegas ou chefes, quer simplesmente esperando que os outros me fornecessem respostas. Eu seguia as opiniões, conselhos, ensinamentos e leis que tinham sido formulados pelos outros, quer eu sentisse que fossem adequados a mim ou não. Não raro, eu aderia a rituais e ensinamentos por medo, por medida de segurança, achando que eles poderiam estar certos e ter informações que eu não tinha.

Durante a minha EQM, descobri que, ao escutar todas essas vozes externas, eu me perdia. Fazer as coisas "por medida de segurança" significa fazê-las por medo. Por conseguinte, hoje em dia, não sigo nenhuma metodologia, ordem, ritual, dogma ou doutrina. Na realidade, uma das minhas regras mais importantes é que nunca deve haver regras rigorosas e imutáveis! Eu simplesmente presto atenção ao que *sinto* ser certo na ocasião. Para mim, a vida é uma experiência espiritual, e estou mudando e evoluindo o tempo todo.

Se somos seres energéticos, inseparáveis da força vital universal, não precisamos de nenhum sistema externo que tome decisões por nós ou nos diga como podemos elevar ou baixar a nossa energia. Somos todos exclusivos, de modo que ninguém pode realmente criar regras gerais a respeito do que é certo para nós. No entanto, é exatamente isso que muitos sistemas espirituais e religiões parecem fazer. Uma vez que uma estrutura é estabelecida, espera-se que todo mundo siga os mesmos princípios. Aqueles que optam por não fazê-lo são julgados de maneira negativa, e é por esse motivo que as religiões organizadas criam discórdia e agitação, em vez da unidade que estão tentando estabelecer com essas regras. Seguir um caminho religioso não nos livra, necessariamente, de viver uma vida de medo, ou até mesmo de vitimar outras pessoas. No entanto, seguir um caminho espiritual *pessoal* significa seguir os impulsos do nosso ser interior e possibilita que nos conectemos ao eu infinito que todos somos em nossa essência.

Fica claro o quanto os sistemas organizados são falíveis quando transpomos culturas. Os sistemas espirituais e de cura indianos e chineses contradizem completamente um ao outro. Os hindus acreditam que comer carne animal seja um pecado, ao passo que os chineses acreditam que não é saudável *deixar* de comer carne. Analogamente, os indianos têm um sistema chamado *vastu,* que tem a mesma finalidade do *feng shui,* mas que está diretamente em conflito com as regras chinesas. Eu costumava ficar completamente perdida, porque cada especialista endossava uma coisa que conflitava com todas as outras. Não saber qual devemos usar pode, efetivamente, criar muito medo – ou pelo menos ansiedade por poder estar fazendo a coisa errada.

Sendo assim, no final, minha EQM me trouxe de volta a mim mesma. Acredito que essa seja a ideia mais poderosa para cada um de nós: entender que estamos aqui para descobrir e honrar *nosso caminho individual.* Não importa se renunciamos ao mundo e passamos vinte anos meditando no topo de uma montanha, ou criamos uma companhia multinacional de 1 bilhão de dólares que emprega milhares de pessoas e proporciona a cada uma um meio de vida. Podemos frequentar um templo ou uma igreja, sentar na praia, beber uma margarita, desfrutar um glorioso pôr do sol ao lado de uma pessoa querida, ou caminhar pelo parque saboreando um sorvete. Em última análise, qualquer caminho que escolhermos será o caminho certo para nós, e nenhuma dessas opções é mais ou menos espiritual do que as outras.

Não estou dizendo que sou contra as organizações religiosas, mas *sou* cética com relação a qualquer mensagem que conduza à discórdia, à agitação e às mortes que acontecem neste mundo em nome da religião, quando, na verdade, somos todos Um só – somos todos facetas do mesmo Todo. Os seres humanos são tão variados que alguns se dão bem com a organização religiosa ou caminhos espirituais, ao passo que outros não. O melhor que podemos fazer é, simplesmente, viver de uma maneira que nos faça bem e possibilite que expressemos a nossa criatividade, que nos permita enxergar nossa própria magnificência. Defender qualquer opção ou doutrina como sendo o único caminho verdadeiro serviria apenas para limitar quem somos e o que viemos aqui para ser.

Na realidade, não temos que nos "empenhar" em fazer alguma coisa – como seguir rituais ou dogmas específicos – para permanecer em contato com nossa magnificência. Podemos fazer isso se o desejarmos, se isso nos der prazer, mas não se trata de uma exigência. Ao seguir, simplesmente, a nossa orientação interior, encontramos o que é certo para nós, inclusive a metodologia que usamos para procurá-la. Sabemos que estamos no rumo certo quando nos sentimos no centro do nosso amor, sem julgar a nós mesmos ou aos outros, e reconhecemos nossa verdadeira magnificência dentro do Todo infinito.

A oração, por exemplo, pode proporcionar um grande conforto a algumas pessoas nos momentos de necessidade, sendo também proveitosa para a autodescoberta. Ela pode ter um efeito positivo no bem-estar, por causa do processo de abandono e entrega de todos os fardos. Em decorrência disso, as pessoas que rezam podem se sentir mais leves e elevadas, o que contribui não apenas para o bem-estar delas como também para o dos outros, já que estamos todos interligados. Qualquer elemento positivo que você atraia para si mesmo, você estará levando para o Todo.

Entretanto, não acredito que aqueles que rezam estejam mais ou menos conectados do que aqueles que não o fazem. Todos temos nosso próprio jeito de reconhecer aquele espaço infinito dentro de nós e, para alguns, esse jeito pode ser a oração. Para outros, pode ser a música, a arte, estar na natureza ou até mesmo buscar o conhecimento e a tecnologia – o que quer que traga à luz a nossa paixão, criatividade e propósito para viver. Em outras palavras, não é a oração em si que torna alguns de nós mais conscientes da própria magnificência do que outros. Mais exatamente, é a escolha de conduzir a nossa vida mantendo contato com a nossa paixão interior, trazendo à tona uma qualidade zen e conferindo significado e um sentimento de unidade à nossa vida.

Pessoalmente, não sinto necessidade de rezar para um deus externo separado de mim, porque eu sei que sou sempre Uma com o Universo, literalmente o tempo todo. Portanto, sinto que a minha vida em si é uma oração. Acho a meditação muito proveitosa porque ela tranquiliza minha mente e me ajuda a focalizar aquele ponto central de consciência onde sinto a minha conexão com tudo que está contido dentro do Todo. A meditação talvez não crie esse sentimento elevado para outras pessoas, o que é perfeitamente aceitável. É importante fazer o que ressoa conosco em um nível pessoal.

Se você sente que pode seguir um sistema sem esforço, ou se for divertido, isso é ótimo! Mas no momento em que segui-lo começar a envolver um grande esforço, ou der a impressão de estar controlando suas emoções ou pensamentos, o sistema provavelmente não funcionará muito bem para você. O estado do *simplesmente deixar acontecer* parece ser aquele em que a mudança mais positiva pode ocorrer. Permita-se ser você mesmo, independentemente de quem você seja, e abrace tudo o que o fizer se sentir vivo.

EMBORA EU ACREDITE INTENSAMENTE QUE A MELHOR coisa que posso fazer por mim mesma *e* pelos outros seja permanecer conscientemente elevada e fazer o que me faz sentir feliz, você talvez fique surpreso ao descobrir que não defendo o "pensamento positivo" como uma prescrição universal. É bem verdade que, uma vez que toda a vida está interligada, permanecer de bom humor causa um impacto maior, já que isso também é o que estou enviando para o Todo.

No entanto, se e quando eu percebo pensamentos negativos se insinuando, acho que o melhor a fazer é deixar que eles passem por mim, aceitando-os sem julgá-los. Quando tento reprimir meus sentimentos ou me obrigo a modificá-los, quanto mais eu os empurro para longe, mais eles exercem pressão para voltar. Deixo apenas que fluam através de mim, sem julgá-los, e constato que os pensamentos e emoções acabam passando. Como resultado, o caminho certo para mim se desenrola de uma maneira completamente natural, possibilitando que eu seja quem realmente sou.

Declarações radicais como "Pensamentos negativos atraem a negatividade na vida" não são necessariamente verdadeiros, e podem fazer com que as pessoas que estão atravessando um período difícil se sintam ainda pior. Essas declarações também podem criar o medo de que elas irão atrair ainda mais negatividade com seus pensamentos. Exprimir indiscriminadamente essa ideia costuma fazer com que pessoas que estão atravessando momentos aparentemente difíceis achem que *elas são* más por atrair esses eventos, o que simplesmente não é verdade. Se começarmos a acreditar que são os nossos pensamentos negativos que estão criando quaisquer situações desagradáveis, poderemos nos tornar paranoicos a respeito do que estamos pensando. Pelo contrário, as situações desagradáveis têm menos a ver com nossos pensamentos do que com nossas emoções, especialmente com o que sentimos a respeito de *nós mesmos*.

Tampouco é verdade que, para atrair coisas positivas, basta permanecermos otimistas. Não consigo dizer isso com intensidade suficiente, mas os *nossos sentimentos a respeito de nós mesmos* são na realidade o barômetro mais importante para determinar a condição da nossa vida! Em outras palavras, ser fiéis a nós mesmos é mais importante do que simplesmente tentar permanecer positivos!

Eu me permito ter sentimentos negativos a respeito de coisas que me incomodam porque é muito melhor sentir emoções genuínas do que refreá--las. Uma vez mais, isso envolve *deixar acontecer* o que estou efetivamente sentindo, em vez de lutar contra esses sentimentos. O próprio ato de dar essa permissão sem fazer julgamentos é um ato de amor por mim mesma. Esse ato de bondade para comigo mesma tem um impacto muito maior na criação de uma vida feliz do que fingir falsamente que estou otimista.

Às vezes, quando vemos alguém que é realmente otimista, animado e amável, mas cuja vida está se desagregando, podemos pensar: *Viu? Esse negócio de "ser positivo" não funciona.* Mas eis a questão: não conhecemos o diálogo interior dessa pessoa. Não sabemos o que outras pessoas estão dizendo a si mesmas no dia a dia, ou se elas são emocionalmente felizes. Além disso, e o que é mais importante, não sabemos se elas amam e valorizam a si mesmas!

Por causa do que compreendi em minha EQM, sinto que é extremamente importante não me julgar e não sentir medo em relação a mim mesma. Quando meu diálogo interior está me dizendo que estou segura, que sou amada e aceita incondicionalmente, eu irradio essa energia e modifico o meu mundo exterior de uma forma correspondente. Minha vida exterior é, na realidade, apenas um reflexo do meu estado interior.

Não importa se estou tendo um mau dia ou uma má semana. O mais importante é *como estou me sentindo em relação a mim mesma* enquanto estou lidando com esse dia ou semana. Trata-se de confiar no processo enquanto enfrento um período difícil e não ter receio de sentir ansiedade, tristeza ou medo, em vez de reprimir tudo até que a emoção passe. Consiste em me permitir ser fiel a quem eu sou. Por causa disso, os sentimentos se dissiparão e ocorrerão cada vez com menos frequência.

Antes da minha EQM, eu costumava reprimir muito as emoções perturbadoras, por acreditar que elas iriam atrair a negatividade para minha vida. Além disso, eu não queria preocupar os outros, de modo que tentava controlar meus pensamentos e me obrigar a ser positiva. Mas hoje eu entendo que o segredo é sempre respeitar quem você realmente é e se permitir ser você mesmo em sua própria verdade.

Cada segmento do tempo é totalmente único, e, quando cada momento passa, ele não pode ser reproduzido neste plano físico. Aprendi a me sentir à vontade com isso e a viver no momento. Tento, o mais possível, não carregar nenhuma bagagem emocional de um instante para o seguinte. Em vez disso, procuro encarar cada momento como uma tábula rasa, que traz com ela novas possibilidades. Desse modo, faço o que me eleva ou me proporciona mais prazer e alegria naquele momento – e, embora isso possa significar meditar, também poderia igualmente significar sair para fazer compras ou comer chocolate, se for o que eu estiver com vontade de fazer.

Viver mais em harmonia com quem realmente somos não significa apenas nos obrigarmos a repetir pensamentos positivos. Significa, na verdade, ser e fazer coisas que nos deixam felizes, coisas que despertam nossa paixão e trazem à tona o que há de melhor em nós, coisas que nos fazem sentir bem – e também significa amar a nós mesmos incondicionalmente. Quando conseguimos encontrar isso dentro de nós, as coisas realmente começam a ficar estimulantes, e sincronicidades começam a acontecer à nossa volta.

A SINCRONICIDADE E A IDEIA DA ATRAÇÃO têm recebido muita atenção nos últimos anos. A ideia de as coisas se resolverem sem esforço porque nós as estamos atraindo é sedutora, mas prefiro pensar do ponto de vista de *deixar as coisas acontecerem* em vez de *atraí-las*.

Como eu disse, somos um com o universo, nosso propósito é ser o nosso eu magnífico, e o mundo exterior é apenas um reflexo do que existe dentro de nós. O colapso em minha vida foi proveniente do meu foco nas coisas externas, nas comparações que eu fazia e na competição que isso cria. Eu costumava sentir que não havia o suficiente para todo mundo, o que causa a ganância e competitividade. Precisava convencer os outros a acreditar nas mesmas coisas que eu acreditava e a pensar da maneira como eu pensava, em vez de abraçar nosso caráter único e nossas diferenças.

Todos esses sentimentos eram resultado do ponto de vista de que o universo é deficiente e limitado, quando ele é, na verdade, infinito. Ele é capaz de crescer e aceitar o quanto quisermos, mas isso precisa ser feito de dentro para fora, e não ao contrário.

Uma vez que compreendi que não existe nada fora do meu eu infinito, pude começar a me concentrar em me ver como uma obra de perfeição em andamento – mas de uma maneira dinâmica, não estática. Assim como um caleidoscópio que vai trocando as requintadas imagens, a perfeição está em constante movimento. Para mim, isso significa enxergar a beleza da jornada e dos aparentes erros enquanto eles me conduzem a outro nível de entendimento. Meu objetivo é me sentir bem o bastante a respeito de mim mesma, para chegar a um ponto seguro, e nesse estado deixar de pensar no resultado. Quando comecei a observar minha ausência de imperfeições, comecei a reparar que meu mundo exterior estava refletindo isso. Eu estava atraindo o que era melhor para mim, o que também é a melhor coisa que posso fazer pelo universo.

Empenhar-me em mudar o mundo não funciona para mim, como mencionei anteriormente. Isso se alimenta da mesma energia crítica que está, para início de conversa, causando problemas, já que ela tem origem na opinião de que algo está errado e precisa ser mudado. Em vez disso, abandonar o apego a qualquer tipo de crença ou pensamento fez com que eu me sentisse mais expandida e quase transparente, de modo que a energia universal pode simplesmente fluir através de mim. Um maior número de coincidências positivas acontece na minha vida quando estou nesse estado de deixar as coisas acontecerem.

Sempre atraímos os resultados perfeitos, e o semelhante saúda o semelhante. Sendo assim, quanto mais bondosa eu for comigo mesma, mais os eventos externos refletirão isso. Quanto mais dura e intolerante eu for comigo mesma, mais as situações seguirão esse padrão. O universo sempre demonstra que eu estou certa nas opiniões que tenho a meu respeito.

Anteriormente, eu costumava *perseguir*, sentindo que eu tinha que fazer, obter e alcançar. No entanto, o próprio ato de ir atrás de alguma coisa é proveniente do medo – temos medo de não ter o que realmente queremos. Isso nos mantém imobilizados na dualidade, porque a ênfase se encontra na inerente separação entre o caçador e a presa. Agora, contudo, não persigo mais nada. Em vez disso, *eu deixo acontecer.*

Por exemplo, quando sinto um desejo incrível em relação à direção que eu quero que a minha vida tome, sei que se fosse perseguir agressivamente esse desejo isso só me faria lutar contra a energia universal. Quanto mais esforço eu preciso inserir na tentativa de obter o que eu quero, mais eu sei que estou fazendo alguma coisa errada. Deixar acontecer, por outro lado, não requer esforço. É mais uma sensação de liberação, porque significa compreender que tudo é Um, o que eu pretendo alcançar já é meu.

O processo de deixar acontecer ocorre primeiro tendo confiança, e depois sendo fiel a quem eu realmente sou. Dessa maneira, só atrairei o que é realmente meu, e tudo acontece em um ritmo no qual eu me sinto à vontade. Posso continuar a me concentrar no que me preocupa, ou no que eu acho que preciso, ou que está faltando, e a minha vida não avançará em direção ao que eu gostaria de experimentar. Ela simplesmente permanecerá do jeito que está agora, porque estou prestando atenção nos meus receios e no que me perturba ou faz com que eu me sinta irrealizada, em vez de expandir minha consciência tendo confiança e deixando que novas experiências aconteçam. Por conseguinte, posso deixar a imagem se materializar mais devagar ou mais rápido, dependendo da rapidez com que me mostro disposta a abandonar as minhas preocupações e relaxar no processo. Quanto mais apegada eu ficar a certos modos de pensar ou a resultados, ou quanto mais medo eu tiver de novas aventuras, mais lento será o desenvolvimento, porque não estou aberta para o processo. Não estou deixando que a energia universal flua naturalmente através de mim.

Tendo dito tudo isso, é importante mencionar que, na realidade, eu não me sento e reflito sobre cada escolha ou possibilidade. Tudo o que realmente faço, a cada momento, é *viver* conscientemente naquele espaço, o que é feito interna, não externamente. Do lado de fora, não há nada a perseguir e nada para atrair. E como o universo é interior, tudo o que eu vivencio dentro de mim mesma afeta o Todo.

Como a tapeçaria de todo o tempo já foi tecida, tudo o que eu poderia querer que acontecesse na minha vida já existe naquele plano infinito, não físico. Minha única tarefa é expandir o bastante o meu eu terreno, para deixar que ele entre nessa esfera. Portanto, se existe alguma coisa que desejo, a ideia não é sair e ir atrás dela, e sim expandir a consciência para permitir que a energia universal a traga para a realidade aqui, no plano físico.

Perseguir o que desejo apenas reforça a separação, ao passo que *deixar acontecer* significa compreender que, como somos todos Um e tudo está interligado, aquilo que desejo já é meu.

CAPÍTULO 18

Perguntas e respostas

Nos meses e anos que se seguiram à minha EQM, tive muitas oportunidades de falar a respeito da minha experiência com vários grupos ao redor do mundo. Seguem-se algumas das perguntas e respostas que resultaram dessas conversas.

P: Como você define o "amor incondicional" que vivenciou na outra esfera, e de que maneira ele é diferente do amor que experimentamos aqui nesta realidade física?
R: O amor na outra esfera é muito diferente porque ele tem uma essência pura. Ele não tem nenhum plano ou expectativas, e não atua a partir da emoção e nem reage de uma maneira diferente conforme as ações ou sentimentos da pessoa. Ele simplesmente é.

P: Você sente que é possível reproduzir aquele estado de amor incondicional aqui, nesta esfera física?
R: Cada um de nós, em nossa essência, já *é* amor puro e incondicional. Entretanto, quando o expressamos aqui, nesta esfera física, nós o filtramos através da mente, e ele se expressa como emoções humanas.

A melhor metáfora que consigo encontrar para ilustrar isso é o exemplo da luz branca *passando através de um prisma*. O amor incondicional é como a luz branca, pura. Quando nós a irradiamos através de um prisma, ela se refrata em todas as diferentes cores do arco-íris. Estas representam as nossas emoções: alegria, amor, ansiedade, inveja, compaixão, ódio, empatia e assim por diante.

Cada um de nós é como um prisma que refrata a luz branca pura (amor) em todas as diferentes cores do arco-íris, e todos os matizes (emoções) são igualmente necessários para o todo. Poucas pessoas, talvez nenhuma, fariam um julgamento moral contra qualquer cor considerada. Nós não diríamos, "Oh, aquela cor é má" ou "Aquela cor é pecaminosa". No entanto, fazemos isso com relação às pessoas e a suas expressões de emoção, encarando alguns sentimentos como certos e outros como errados.

Quando julgamos algumas de nossas emoções como negativas e tentamos rejeitá-las, estamos reprimindo parte de quem nós somos. Isso cria um bloqueio dentro de nós e nos impede de expressar a plenitude da nossa magnificência, assim como extrair certas cores do espectro, com base em um julgamento moral, truncaria a luz e a transformaria em uma coisa que ela realmente não é.

Não precisamos agir em função de cada emoção; temos apenas que aceitar que elas são parte de quem nós somos. Rejeitá-las seria como proibir uma certa cor de ser refratada através do prisma. Somente ao abraçar todo o espectro de nossos sentimentos sem fazer julgamentos é que podemos entrar em contato com a essência pura do amor incondicional que reside em nossa essência.

P: Você é de opinião que, antes de assumirmos a forma física, já somos seres magníficos completamente conscientes de quem realmente somos? Se for este o caso, como nossa magnificência fica tão corroída e nosso sentimento do eu se torna tão precário quando chegamos a esta vida?

R: Vou lhe dizer o que eu sinto, mas acho que isso só irá provocar mais perguntas do que respostas! Pareceu-me que não estamos destinados a esquecer quem somos, e que a vida não está destinada a ser difícil. A impressão que eu tive é que *nós* tornamos as coisas difíceis aqui com as nossas ideias e convicções inapropriadas.

A compreensão interior que recebi naquela esfera chegou até mim como uma "marca", mas, se fosse expressá-la em palavras, eis o que estaria dizendo internamente naquele estado: "Oh, então a vida não está destinada a ser tão difícil – nós devemos desfrutá-la e divertir-nos! Gostaria de ter sabido disso antes! Oh, então meu corpo criou o câncer por causa de todos os meus pensamentos idiotas, da maneira como eu julgava a mim mesma, das minhas convicções limitantes, de todas as coisas que me causavam um enorme tumulto interior. Puxa, se ao menos eu tivesse sabido que estamos destinados a vir para cá e nos sentir bem em relação a nós mesmos e à vida – para simplesmente expressar-nos e nos divertir com isso!"

Agora, esta parte é um pouco difícil de explicar, mas vou tentar. Eu tinha uma pergunta que era mais ou menos assim: "Por que uma coisa tão grande, como este câncer terminal, aconteceu comigo, apenas porque eu não percebi a minha própria magnificência?".

Simultaneamente, eu tive a seguinte compreensão: "Oh, entendo, não aconteceu comigo, porque na verdade nunca sou uma vítima. O câncer é apenas meu poder e energia que não foram expressos! Ele se voltou contra o meu corpo, em vez de se voltar para fora".

Eu soube que não se tratava de uma punição ou qualquer coisa desse tipo. Era apenas a minha própria força vital se expressando como câncer, porque não permiti que ela se manifestasse como a força magnífica e poderosa da Anita. Eu estava consciente de que tinha a escolha de querer voltar para o meu corpo ou seguir adiante para a morte. O câncer não existiria mais porque a energia não estava mais se expressando daquela maneira, mas estaria presente como o meu eu infinito.

Eu voltei com o entendimento de que o céu na verdade é um estado e não um lugar, e descobri que o êxtase me seguiu até a Terra. Eu sei que isto parece realmente estranho, mas até mesmo senti que o nosso "verdadeiro lar" também é apenas um modo de ser e não uma localização. Neste momento, eu sinto que estou em casa. Não tenho nenhum desejo de estar em outro lugar. Não faz diferença para mim estar aqui ou na outra esfera. Tudo são apenas partes diferentes da experiência do nosso eu maior, expandido, infinito e magnífico. O nosso verdadeiro lar é dentro de cada um de nós e nos segue aonde quer que vamos.

P: Como eu próprio não tive uma EQM, existe uma maneira de construir e manter a confiança na incrível força vital da qual você fala?

R: Sem sombra de dúvida. Não é necessário ter uma EQM para perceber a sua magnificência.

Minha experiência me ensinou que a melhor maneira de construir e manter a confiança e um sentimento de conexão com a força vital Universal é a partir de dentro. Começo me amando e confiando em mim mesma. Quanto mais eu consigo fazer isso, mais centrada eu me sinto na tapeçaria cósmica. Quanto mais conectado cada um de nós se sente, mais somos capazes de tocar os outros, capacitando-os a sentir a mesma coisa.

P: O seu sistema de crenças desempenhou algum papel em sua cura e recuperação e, caso tenha desempenhado, que papel foi esse? E como suas convicções mudaram desde então?

R: Nenhum tipo de fé em alguma coisa foi necessário para a minha cura. Na verdade, eu diria que foi a total suspensão de todas as crenças, doutrinas e dogmas que eu defendia anteriormente que fez com que meu corpo curasse a si mesmo. No meu caso, a EQM foi o catalisador. Do meu ponto de vista, ideias fortemente arraigadas na realidade trabalham contra mim. Ter convicções concretas limita as minhas experiências de vida, porque elas me mantêm presa apenas ao que eu conheço, e o meu conhecimento neste mundo é limitado pelos meus sentidos físicos. Ficar à vontade com a incerteza, por outro lado, me deixa aberta para todas as possibilidades. A ambiguidade está amplamente aberta para o potencial infinito.

Precisar de uma certeza tolhe o meu potencial para o inesperado. Sentir que *Eu não sei,* ou *Vamos ver o que acontece*, possibilita que o meu eu expandido forneça respostas e soluções que podem ser completamente felizes e inesperadas, e fortemente sincrônicas. Estou realmente no auge do meu poder quando piso na esfera da ambiguidade. Abrir mão de todas as crenças, descrenças, dogmas e doutrinas anteriores coloca o universo infinito à minha disposição e atua para me oferecer o melhor resultado possível para a minha vida. É aí que eu recebo a máxima clareza interior. É onde a magia tem lugar.

Abandonar todos os apegos anteriores é um abraço de liberdade e demonstra confiança na minha própria divindade e magnificência. Isso também é uma forma de cura. Quando abandono a necessidade de ficar fisicamente curada, a vida se torna mais livre, mais completa e mais agradável.

P: Você sente que a sua fé na Fonte teve um papel ativo em sua cura?

R: Em minha experiência, eu *me tornei* a Fonte, e havia uma total clareza. Não havia nenhuma fonte fora da minha consciência expandida. Era como se eu abarcasse a totalidade. Como já mencionei, nenhum tipo de fé em alguma coisa foi necessário para a minha cura porque, naquele estado, existe uma total clareza, e eu sentia como se tudo se tornasse conhecido. A crença ou a fé deram lugar ao "conhecimento". Parecia que eu me tornara tudo – eu existia em tudo e tudo existia dentro de mim. Eu me tornei eterna e infinita.

Eu acordei nessa clareza, de modo que apenas compreendi. Eu sabia que, se escolhesse voltar, o meu corpo ficaria curado. Devido à natureza da minha experiência, meu sentimento é que, em nossa essência, somos todos Um. Todos viemos da Unidade para a separação, e depois voltamos para o Todo. Sinto que a minha EQM foi um vislumbre dessa Unicidade. Eu poderia chamá-la de *Deus, Fonte, Brahman* ou *Tudo o que existe*, mas acho que pessoas diferentes têm ideias diferentes a respeito do que ela significa. Não percebo o Divino como uma entidade separada de mim ou de ninguém. Para mim, trata-se de um estado de ser em vez de um ser separado. Ele transcende a dualidade, de modo que estou permanentemente unida a partir do meu interior e não posso ser separada dele. A minha expressão física é apenas uma faceta desse Todo.

P: Existe um lugar onde nossa vontade pessoal e a vontade do Todo se conectam, de maneira que possamos ter livremente acesso a esse lugar de cura e poder?

R: Gosto de pensar que sim, que é possível para todo mundo ter livremente acesso a esse lugar de cura e poder. Acredito que são as nossas mitologias coletivas – as histórias que contamos a nós mesmos ao longo de gerações – que nos impedem de fazer isso. Creio que é esse acúmulo de crenças que está causando grande parte da desconexão e discórdia que percebemos no mundo, inclusive dentro do nosso corpo.

Carregamos esses conceitos invisíveis que nos mantêm desconectados da nossa verdade, levando-nos a acreditar que somos separados da energia universal. Permanecemos imobilizados na dualidade, separados em nosso centro criativo. Somos a força que não apenas está formando, como também impelindo esses mitos. E, quando nossa história muda, nossa realidade física reflete essa mudança.

A fim de ver com mais frequência esse tipo de cura, precisamos desenvolver nossas mitologias e transformar nossos conceitos em outros que nos permitam compreender que *somos Um com a energia universal*. Isso possibilitará que nos sintamos conectados com nosso centro criativo em todos os momentos e promoverá mais energia positiva em toda parte.

A cura ocorre quando nossa intenção criativa pessoal converge intencionalmente com a energia da força vital Universal e a vê como Um.

P: Você teve alguma sensação de liberdade depois da sua EQM, e, se teve, como você a descreveria?

R: Eu me sinto liberada. Sinto que minha EQM me liberou não apenas das ideologias e conceitos que eu abraçava anteriormente, mas também da necessidade de procurar outras.

Parece-me que procuramos e nos agarramos a essas doutrinas porque elas nos tranquilizam nos momentos de incerteza. No entanto, temos a tendência de nos tornar dependentes delas, precisando que elas sejam verdadeiras a fim de vivenciar o conforto da certeza. Sinto que quanto mais arraigadas são as nossas convicções a respeito da natureza limitada da realidade, mais nós, efetivamente, perpetuamos o que elas dizem.

Minha experiência me ofereceu um vislumbre de como é ser libertada da necessidade da certeza, tanto física quanto psicológica. Em outras palavras, foi possível sentir a perfeição mesmo no meio da ambiguidade. Manter esse nível de liberação mental é, para mim, a verdadeira liberdade.

P: Você acha que teria escolhido voltar para esta vida se tivesse sabido que a sua doença continuaria a existir?

R: Devido ao estado de clareza no qual eu me encontrava, desconfio de que eu teria voltado com o conhecimento do motivo pelo qual senti a vontade de voltar e me expressar através de um corpo doente. Esperançosamente, esse conhecimento teria eliminado ou reduzido o meu sofrimento interior, mesmo que não fizesse o mesmo com a doença física. Teria havido um sentimento de propósito por ter que viver com um corpo doente. Acredito que todo mundo tem um propósito, independentemente de sua condição física.

P: A sua mensagem de que todos devemos *Ser quem nós somos* é transmitida com bastante clareza! Mas, e os criminosos e assassinos? Eles também devem ser quem são? Além disso, você disse que não existe nenhum julgamento do outro lado. Isso significa que podemos, efetivamente, escapar impunes com o assassinato?

R: Não existe, absolutamente, nenhuma condenação naquela esfera, porque não há nada para condenar; somos todos consciência pura.

Muitas pessoas não gostam de ouvir que não existe nenhum julgamento depois que morremos. É confortante pensar que as pessoas serão responsabilizadas por suas transgressões. Mas a punição, as recompensas, o julgamento, a condenação e coisas semelhantes são uma coisa "daqui", não uma coisa "de lá". É por isso que temos leis, regras e sistemas.

Do outro lado existe uma total clareza a respeito de por que nós somos da maneira como somos e por que fizemos alguma coisa, por mais antiética que ela tenha parecido durante a vida. Acredito que aqueles que prejudicam os outros só o fazem a partir de sua própria dor e de seus sentimentos de limitação e separação. Os perpetradores de atos como estupro e assassinato estão extremamente distantes até mesmo de ter um leve sinal de sua magnificência. Imagino que eles tenham que estar extremamente infelizes dentro de si mesmos para causar tanta dor aos outros. Sendo assim, na verdade, eles precisam de uma extrema compaixão, e não de um julgamento ou mais sofrimento na vida futura.

Na realidade, não acredito que os criminosos e os assassinos *estejam* "sendo quem eles são". Acho que nós só nos voltamos para a destruição quando perdemos o rumo e nos afastamos enormemente do conhecimento da verdade sobre quem realmente somos. Os criminosos perderam o seu centro, e o que estão fazendo com os outros é, na verdade, um reflexo de como eles se sentem interiormente a respeito de si mesmos. Gostamos de pensar nos perpetradores e nas vítimas como "eles" e "nós", mas não existe nenhum "eles". *Tudo* é nós!

Um assassino em série está doente de uma maneira semelhante a uma pessoa que está com câncer. E, se temos um número maior de assassinos hoje no mundo, isso significa que a nossa sociedade está doente. Mantê-los presos pode trazer benefícios no curto prazo, assim como tratar os sintomas do câncer. No entanto, se não transformarmos e transcendermos os problemas essenciais dentro de qualquer sociedade, o problema só fará crescer, exigindo que construamos mais prisões e reforcemos os sistemas judiciários. Os perpetradores são mais do que apenas vítimas das suas circunstâncias. Eles são os sintomas físicos de problemas subjacentes que nós temos *como um todo*.

Não estou dizendo que aprovo o que eles fazem. Estou apenas tentando dizer que o conhecimento da minha própria magnificência me modificou. Acho que se todas as pessoas fossem capazes de entrar em contato com sua própria verdade e conhecer sua grandeza, elas não escolheriam ser prejudiciais. Uma pessoa feliz e amada, que se sente inseparável da Unicidade, sabe que ferir outra pessoa é o mesmo que ferir a si mesma.

P: Você está dizendo que um criminoso – digamos, um assassino – irá para o mesmo lugar e sentirá a mesma ausência de julgamento que um santo?

R: Sim, é exatamente isso que estou dizendo. Naquele estado, compreendemos que todas as coisas que fizemos – por mais negativas que possam parecer – na realidade tiveram origem no medo, na dor e em perspectivas limitadas. Grande parte do que fazemos ou sentimos ocorre porque não conhecemos outra maneira. No entanto, quando estamos na outra esfera, as nossas limitações físicas se tornam claras para nós, de modo que somos capazes de entender por que fizemos as coisas e sentimos apenas compaixão.

Senti que aqueles que rotulamos de "perpetradores" também são vítimas de suas próprias limitações, dor e medo. Quando compreendemos isso, sentimos apenas que estamos conectados com todos e tudo. Compreendo que na outra esfera todos somos Um. Somos todos o mesmo.

Se todo mundo soubesse disso, não precisaríamos de leis e prisões. Mas, aqui, nós não entendemos isso, de modo que pensamos em função de "nós" e "eles", o que nos leva a atuar a partir do medo. É por isso que temos julgamentos, leis, prisões e punições. Nesta esfera, neste momento, precisamos deles para a nossa proteção. No entanto, do outro lado, não existe nenhuma punição porque, quando estamos lá, nós nos conscientizamos de que estamos todos conectados.

P: Se criamos nossa realidade, você acha que as pessoas serão punidas pelo que fazem por meio do karma?

R: Como mencionei anteriormente, não existe nenhuma punição no estado da EQM. Encaro o karma como sendo mais um conceito de equilíbrio do que de causa e efeito. Por exemplo, eu jamais usaria a expressão *karma ruim*, pois não acredito que tal coisa exista. Eu simplesmente acredito que todos os aspectos da vida são necessários para criar o todo. Também não acredito mais que vivamos todas as nossas vidas sequencialmente no tempo linear, que é a estrutura que muitas pessoas têm para as suas ideias a respeito do karma. Fui igualmente criada para pensar dessa maneira.

No estado da EQM, contudo, compreendi que cada momento de todas as nossas vidas – passadas, presentes, futuras, conhecidas, desconhecidas e incognoscíveis – existe simultaneamente, como se fora do que conhecemos como tempo. Eu me conscientizei de que eu já era tudo o que eu estava tentando obter, e acredito que isso seja verdade para todo mundo. Todas as coisas que percebemos como positivas, negativas, boas ou más são simplesmente partes do Todo perfeito e equilibrado.

P: Ouvi dizer que as pessoas falam da importância do perdão. Você constatou que teve que perdoar muito na outra esfera?

R: No estado da EQM, a clareza é tão intensa que todo o conceito de perdão assume um significado muito diferente. Compreendi que era a *mim mesma* que eu não tinha perdoado, não a outras pessoas. Não houve nenhum julgamento negativo de nada que eu aparentemente tinha feito de errado; senti apenas compreensão a respeito de por que eu tinha feito todas aquelas coisas.

Também compreendi que, dentro daquela esfera infinita, acrítica, não existe a necessidade de perdoar a mim mesma ou a nenhuma outra pessoa. Somos todos filhos perfeitos e primorosos do universo, e existimos a partir de puro amor. O amor incondicional é nosso direito nato, não o julgamento ou a condenação, e não precisamos fazer nada para conquistá-lo. Isso é simplesmente quem e o que nós somos.

A necessidade de perdoar se origina do fato de encararmos as coisas como boas ou más, mas não existe nenhum julgamento, não temos nada para perdoar. Dentro da tapeçaria cósmica que estamos criando, todos os pensamentos, palavras e ações são necessários para a criação do Todo infinito e magnífico. Exatamente como no caso do espectro de luz que mencionei anteriormente, todas as cores são necessárias para dar contraste e criar a vida. O que existe para perdoar?

Neste momento, substituí o perdão por empatia, amor incondicional e compaixão – por mim mesma e pelos outros. Em vez de julgar, de criar a necessidade do perdão, eu agora sinto apenas carinho e um grande respeito pelo papel multifacetado que cada um de nós desempenha no Todo da criação.

P: Um excesso de amor por si mesmo não tornaria as pessoas egoístas e narcisistas?

R: Uma vez que compreendemos que cada um de nós está no âmago do universo infinito, a nossa centralidade no Todo torna-se suprema, e percebemos o valor de amar o eu. Não podemos dar o que não temos.

Minha cultura me ensinou a colocar os outros em primeiro lugar e eu em último, ou simplesmente a não me incluir. Ninguém me ensinou a amar a mim mesma ou a valorizar quem e o que eu sou. Em consequência disso, eu tinha muito pouco para oferecer aos outros. Somente quando enchemos a nossa xícara com consideração por nós mesmos temos alguma coisa para distribuir. Somente quando amamos incondicionalmente a nós mesmos, aceitando com grande respeito e compaixão as magníficas criaturas que nós somos, podemos ter esperança de oferecer o mesmo para qualquer outra pessoa. Apreciar e valorizar o eu vem em primeiro lugar, e o interesse pelos outros é o inevitável resultado.

O egoísmo é decorrente de um amor insuficiente por nós mesmos, não de um excesso de amor, pois nós compensamos a nossa carência. Não existe algo como se importar excessivamente com o eu, assim como não existe algo como um excesso de afeição pelos outros. O nosso mundo sofre de um amor insuficiente por nós mesmos e um excesso da condenação, insegurança, medo e desconfiança. Se todos nos importássemos mais com nós mesmos, a maioria desses males desapareceria.

Dizer "Eu te amo" quando não existe uma emoção correspondente por mim mesmo é fingimento. Não é real. A afeição pelo eu e pelos outros é a mesma coisa. Somos todos Um – estamos todos interligados. Ter consciência da nossa própria divindade pode nos ajudar a enxergar a nossa magnificência e merecimento de receber amor sem condições. Uma vez que entendemos isso, oferecer o mesmo para todas as outras pessoas se torna muito mais fácil.

P: A maioria das pessoas que seguem um caminho espiritual acredita que o ego retarda o crescimento espiritual e que devemos nos livrar do ego. Por que você não está defendendo essa ideia?

R: Porque, se você rejeitar o ego, ele fará ainda mais oposição a você. Quanto mais você rejeita uma coisa, mais essa coisa contra-ataca para sobreviver. Mas, quando você conseguir amar o seu ego de uma maneira completa e incondicional, e aceitá-lo como uma parte de como você se expressa nesta vida, você não terá mais nenhum problema com ele. Ele não retardará seu crescimento; pelo contrário, ele será uma vantagem.

Todos nascemos com um ego – ele é uma parte natural de quem somos aqui. Só ficamos completamente sem ele quando morremos. Lutar contra isso durante a vida só faz aumentar nossa autocrítica. Além disso, somente quando amamos incondicionalmente nosso ego somos capazes de aceitar o ego de todas as outras pessoas. É nesse ponto que ele deixa de ser um problema, e a sua humildade e magnificência realmente se tornam evidentes.

P: Qual é sua opinião sobre o serviço e servir aos outros?

R: Quando o serviço vem do centro do nosso ser, ele é a forma mais elevada de amor por nós mesmos. Sabemos que este é o caso quando sentimos alegria enquanto servimos. Servir será até mesmo leve e divertido! Isso se aplica tanto a nós quanto à pessoa que está recebendo os nossos cuidados, e ajuda a elevar a autoestima do recebedor.

Mas, quando servimos por obrigação ou por um sentimento de dever, o serviço parece sério, pesado e pode exaurir a nossa energia. Isso realmente não nos faz bem, e tampouco é bom para a pessoa que o está recebendo, especialmente se ela perceber que estamos agindo por obrigação. Isso pode fazer com que ela se sinta pequena e sem valor.

Além disso, quando uma coisa vem do centro do nosso ser, ela deixa de ser uma ação – ela se torna quem nós somos. Não precisamos pensar a respeito dela ou nos dedicarmos a ela. Nós nos tornamos um instrumento para que o serviço se manifeste neste planeta. Essa é a diferença entre *servir alguém* e *prestar um serviço a alguém*.

Este nível conectado surge com a compreensão de que não existe nenhuma separação entre o eu e o universo. É o conhecimento de que aquilo que faço para o Todo, também estou fazendo para meu eu, e vice-versa – e este é um estado verdadeiramente prazeroso e divertido!

P: Quando olho em volta, parece-me que muito rancor, debates e uma hostilidade pura e simples procedem de todas as pessoas enquanto elas insistem em que a realidade, ou ponto de vista delas, é o único possível. No entanto, sua experiência e a de muitos outros que tiveram a EQM indicam que o que consideramos realidade não é mais ou menos real do que uma espécie de sonho. Desse modo, essencialmente, as pessoas estão discutindo a respeito de qual ilusão é a mais válida. Você pode entrar em detalhes sobre este assunto?

R: Só posso relatar a minha experiência. Senti como se "ao morrer" eu tivesse despertado de um sonho. Não tive a impressão de ter ido para algum lugar e sim como se eu tivesse acordado e tivesse sentidos oniperceptivos, ou seja, uma visão de 360 graus e uma completa *sinestesia*, ou percepção simultânea dos sentidos. Conseguia ver, ouvir, sentir e saber *tudo* o que me dizia respeito! Eu estava vivendo o meu passado, presente e futuro simultaneamente. Eu também sabia o que estava acontecendo além das paredes e do espaço, desde que tivesse relação comigo – daí as visões das conversas dos médicos, do meu irmão no avião e assim por diante.

Comparo isso, de certa maneira, a uma pessoa cega que seja capaz de enxergar pela primeira vez. A pessoa não foi a lugar nenhum, mas a clareza de como o mundo realmente se mostra (em contraste com o que ela pensava que era) seria impressionante! A pessoa de repente entenderia coisas como a cor e a tonalidade, que anteriormente estavam além do seu entendimento conceitual.

Sob esse aspecto, para mim, houve esse incrível conhecimento de como todos estamos interligados e de como o que eu sinto afeta o universo, pois o Todo está dentro de mim. No que me diz respeito, se eu estou feliz, o universo está feliz. Se eu amo a mim mesma, todas as outras pessoas também me amarão, e assim por diante.

Depois que eu voltei, embora tenha perdido alguns dos sentidos avançados a que tive acesso durante a EQM, o entendimento, a clareza e os sentimentos de amor não me abandonaram. Os pontos já estão conectados, e não posso voltar a pensar da maneira como eu pensava. Imagine aquela pessoa cega voltando a ser cega. Todas as vezes que ela caminhar pelo mundo, saberá como ele se parece, embora não consiga vê-lo. Essa é mais ou menos a sensação que eu tenho agora.

Quanto a este plano não ser real, sinto que cada um de nós cria a sua própria realidade baseado em sua opinião a respeito do mundo. Naquele estado desperto, senti como se esta existência tridimensional fosse apenas o clímax dos meus pensamentos. Quando fui para a outra esfera, na verdade acordei num lugar mais real do que este... mais ou menos como nos sentimos quando acordamos de um sonho e voltamos à realidade do dia a dia!

P: Quais são suas ideias a respeito da religião? Noto que você raramente, talvez nunca, traz à baila esse assunto quando fala a respeito da sua experiência.

R: Isso acontece porque a morte transcende a religião, a qual é algo que criamos para nos ajudar a viver ou para nos ajudar a entender a morte. Mas, depois que vivenciei a outra esfera, tentar fazer com que ela se encaixasse em uma religião, não importa qual, na verdade parecia diminuí-la.

Outra razão pela qual eu, na verdade, não falo a respeito do assunto é o fato de a religião poder ser desagregadora, e essa nunca é a minha intenção. Prefiro ser inclusiva. Vivenciei todos nós como sendo Um, sabendo que, quando morremos, todos vamos para o mesmo lugar. Para mim, não importa se você acredita em Jesus, Buda, Shiva, Alá ou em nenhum destes. O que importa é como você *se sente a respeito de si mesmo*, aqui e agora, porque é isso que determina como você conduz a sua vida *aqui*. O único tempo que existe é o momento presente, de modo que é importante que você seja você mesmo e viva a sua própria verdade. Cientistas entusiásticos que vivem a partir da sua magnificência são tão valiosos para a espécie humana quanto uma sala repleta de madres Teresas.

P: Uma das declarações mais fascinantes que você fez a respeito do que você entendeu a partir de sua experiência tem implicações que são profundas, multifacetadas e de longo alcance. Estou pensando em sua alegação de que podemos, efetivamente, alterar o nosso passado por meio das escolhas que fazemos de momento a momento, enquanto nossa vida se expande no futuro. Estou captando coisas demais no que você está expressando, ou isto está próximo do que você entende?

R: Você interpretou com exatidão o que eu quis dizer. Sinto que o momento presente é o único momento no tempo que temos para criar a nossa realidade. Por favor, preste atenção que eu intencionalmente não digo "criar o nosso futuro". O passado e o futuro pareceram fluidos para mim, e foi assim que fui capaz de alterar os resultados dos exames, dependendo de se eu voltasse ou não.

Concordo que isso é importante por causa das implicações. Para mim, o processo continua a se desenrolar a cada dia, e agora essa conscientização se tornou maior do que a própria EQM.

P: Na narrativa da sua EQM, você declarou o seguinte: "Toda doença começa primeiro na energia, e depois se manifesta no corpo". Você tem alguma noção de como isso acontece e o que leva a doença a se formar originalmente?

R: Durante a minha EQM, senti como se o meu corpo, em sua forma sólida, não existisse. Eu era apenas pura energia – talvez isso pudesse ser interpretado como a alma ou o espírito. Era muito maior do que o corpo, e gosto de usar a palavra *magnificente*, porque foi assim que eu me senti naquele estado. Era quase como se ter um eu físico fosse um acréscimo, algo secundário. Essa massa de energia infinita era o meu eu real, e o corpo era apenas um barômetro para mostrar o quanto dessa força vital estava "passando" ou sendo expressa. Era como se o mundo tridimensional fosse a outra dimensão, e a minha massa de energia fosse real.

A partir disso, sinto que, quando dizemos que algumas pessoas têm uma vibração mais elevada, provavelmente estamos querendo dizer que elas estão deixando uma parte maior de sua magnificência autêntica passar, de modo que as leituras de seus "barômetros" são realmente elevadas! Consequentemente, a energia positiva e a presença física dessas pessoas são fortes. Naquela esfera, contudo, ninguém parecia mais forte ou mais fraco. Todo mundo era magnificente. No entanto, a quantidade dessa magnificência que expressamos através do nosso corpo nesta dimensão parece ser uma escolha nossa.

P: Você está aventando que o poder de sua cura veio de dentro de você e não de uma fonte externa?

R: O poder não era interno nem externo, ou poderia dizer que era as duas coisas. Uma vez que eu não estava me expressando a partir do estado de dualidade, compreendi que não existe nenhuma separação entre o que está dentro e o que está fora. Eu me tornei a Fonte de todas as coisas, e a Fonte se transformou em mim. Mas, se você está querendo saber se eu acho que fui eu – como no ego ou no eu físico – que estive por trás da minha cura, a resposta é não. O poder emanou do fato de eu me expressar através do meu eu infinito e saber que não sou separada da fonte ou de nada.

P: Quais são as suas ideias a respeito das diferentes modalidades de cura, tanto ocidentais quanto orientais?

R: Sinto que muitos tratamentos e modalidades são proveitosos – e também quero deixar claro que não creio que seja necessário que a pessoa tenha uma EQM para ficar curada.

Antes da minha EQM, tudo o que eu fazia se baseava no medo, mesmo quando se tratava da cura. A minha constituição psicológica era tal que eu só procurava essas coisas porque tinha medo das consequências de não fazer isso.

Mas quando o temor não está mais presente, e agimos a partir de uma perspectiva de confiança, as modalidades têm uma chance muito maior de funcionar. Durante o breve período que passei na Índia, minha saúde melhorou porque eu estava longe da atmosfera de medo. Eu estava em uma cultura que defendia um ponto de vista inteiramente diferente com relação ao câncer, ponto de vista que era muito mais positivo. Na Hong Kong ocidentalizada, a maioria das pessoas que eu encontrava tinha um enorme medo do câncer e transmitia esse sentimento para mim. Mas, na

Índia, tive contato com uma perspectiva diferente, o que me deu esperança. Eu confiei nela, e senti rapidamente os efeitos disso em minha saúde.

P: Você disse que seu câncer pareceu ficar curado quando você foi para a Índia e recebeu tratamentos ayurvédicos, mas, quando você retornou a Hong Kong, a doença voltou a se manifestar. Tem ideia de por que o câncer pareceu desaparecer na Índia, mas voltou em Hong Kong?

R: Reiterando, acho que o ayurveda funcionou para mim na Índia porque não havia nenhum conflito. Todo mundo ao meu redor acreditava na mesma coisa, e o que eu estava fazendo fazia sentido para todos. Eu não estava confusa. Pela primeira vez, senti que estava no caminho certo. Recebi também muito apoio de médicos ayurvédicos, de *ashrams* e assim por diante, todos os quais apoiavam essa modalidade.

Mas, aqui em Hong Kong, as escolhas são intermináveis e multiculturais, e todas as diferentes modalidades estão em conflito umas com as outras! A minha primeira escolha nunca foi a medicina ocidental convencional, mas, se eu não tivesse uma inclinação para outros métodos, eu a teria escolhido. Pessoalmente, contudo, era a última coisa que eu queria.

Acho que, se eu tivesse nascido e sido criada no meio da China, a Medicina Tradicional Chinesa também teria funcionado para mim; por outro lado, para começar, eu poderia nem mesmo ter ficado doente! Você sabia que na cultura chinesa o câncer é frequentemente chamado de "doença do povo ocidental?" Você sabia que a incidência do câncer na China, no Japão e até mesmo na Índia é bem menor do que nos países ocidentais?

Algumas pessoas acham que é por causa da alimentação, mas eu sinto que isso é apenas parte da explicação. Outro fator possivelmente ainda importante talvez seja a mentalidade das pessoas – a crença ocidental no câncer, o medo que as pessoas têm dele e as constantes campanhas de "conscientização"! A medicina ocidental convencional se concentra em detectar o câncer, e a maior parte de sua tecnologia está voltada para o diagnóstico em vez de promover o bem-estar físico e o equilibro geral.

P: Que diferenças você sentiu entre a abordagem oriental e a ocidental?

R: Ficar indo de uma para a outra fez com que o meu estado emocional oscilasse entre o medo e a esperança.

Os médicos ocidentais só se concentravam no câncer, fazendo com que eu sentisse que uma coisa externa estava atacando meu corpo e que eu precisava me livrar dela. Em outras palavras, o câncer é o inimigo e precisa ser atacado. O diagnóstico deles sempre inculcou o medo.

Os médicos orientais (tanto os do ayurveda quanto os da Medicina Tradicional Chinesa) contemplavam meu bem-estar de uma maneira mais holística. Eles encaravam minha doença como a maneira de o meu corpo tentar ficar curado de seus desequilíbrios – não apenas dos físicos, mas também dos mentais e emocionais. Na verdade, o câncer era meu aliado. Esses métodos eram muito mais confortantes e me davam mais esperança.

Depois da EQM, é fácil, para mim, perceber que o câncer em si não era nem o inimigo nem a doença. Eu sei o que ele estava tentando me dizer e, no meu caso, *era*, de fato, o jeito de o meu corpo tentar me curar. Para mim, encarar o câncer como um inimigo que precisava ser aniquilado não descartou o problema subjacente que o tinha causado em primeiro lugar. Algo mais profundo foi enfocado durante a EQM, o que levou as células cancerosas a desaparecerem.

P: Você parece estar dizendo que todas as abordagens de cura têm uma base cultural e que não existe nenhuma superioridade intrínseca de uma modalidade sobre outra quando se trata do câncer. Entendi corretamente o que você quis dizer?

R: Exatamente. Isso é basicamente o que estou dizendo, com base na minha experiência. Lembre-se de que, a partir da minha perspectiva, muitas doenças dos nossos dias são na verdade doenças mentais e espirituais que se manifestam no corpo. O tratamento que lidar com a mente e o espírito terá uma chance muito maior de causar uma mudança do que uma abordagem que tratar exclusivamente do corpo. E qualquer modalidade que seja sinceramente apoiada pela cultura circundante será mais eficaz do que uma desprovida dessa força subjacente – especialmente se o método enfocar a mentalidade e o ponto de vista espiritual do paciente.

P: Depois da sua experiência, quais são suas ideias sobre o câncer e a medicina? Você acha que chegaremos mais perto de descobrir uma cura para o câncer?

R: Do meu ponto de vista pessoal, simplesmente por causa da minha experiência, acredito que casos específicos como o meu sejam uma doença da mente e da alma, não do corpo. A manifestação física é meramente um sintoma de alguma coisa muito mais profunda. Não acredito que a cura desses casos se encontre na medicina, porque os cientistas olham em todos os lugares errados – eles só estudam os sintomas, não a causa, e depois criam medicamentos para dissimular os sintomas. Eles podem conseguir controlar os sintomas, mas não creio que irão encontrar uma "cura".

Parece-me que existe um campo muito fértil de pesquisa em volta da doença, baseada no que eu entendi a partir da minha própria doença e EQM. No entanto, lamentavelmente, não vi nenhuma pesquisa, com um bom financiamento, sobre o que eu vejo como as verdadeiras causas do câncer, enquanto bilhões de dólares são despendidos com abordagens baseadas em medicamentos. Com frequência, eu me pergunto se é mais fácil ganhar dinheiro vendendo medicamentos do que estimulando as pessoas a sentir a sua própria magnificência.

Acredito que meu câncer estava relacionado com minha autoidentidade, e sinto como se ele fosse o jeito de meu corpo me dizer que minha alma estava sofrendo com a perda de seu valor – de sua identidade. Se eu soubesse a verdade de quem eu *efetivamente* sou, eu não teria tido câncer!

P: Qual é a sua opinião sobre o dinheiro a partir da perspectiva da vida após a morte? Algumas pessoas acreditam que o dinheiro é a causa de muitos dos problemas e do mal que existem neste mundo. O que você acha?

P: O dinheiro em si só tem o poder que escolhemos conferir a ele, e o mesmo se aplica a tudo nesta dimensão. Qualquer coisa pode ser usada para o bem ou para o mal, mas o dinheiro em si é simplesmente neutro. Nós escolhemos dar poder a ele. Nós agregamos as nossas opiniões (tanto negativas quanto positivas) ao dinheiro, à religião, à raça e assim por diante. Criamos certas crenças a respeito dessas coisas, conferimos a elas uma carga emocional, e rapidamente criamos uma situação na qual as pessoas ou ficam mais fortes ou lutam para se defender.

Não estou dizendo que isso é uma coisa má – talvez ela seja até uma parte necessária da existência nesta esfera. Vivemos em um mundo de aparente dualidade, onde estamos sempre decidindo o que é mau ou bom, o que é negativo ou positivo. Temos emoções, e nós as inserimos em nossas convicções, inclusive aquelas a respeito do dinheiro. Poderíamos ter agregado essas mesmas cargas emocionais a outra coisa, a outro produto ou sistema de troca, e este teria o mesmo poder que o dinheiro tem atualmente.

Mas a morte transcende a dualidade. Ela transcende a religião, a raça, a cultura e todos os nossos valores e crenças. Não somos nenhuma dessas coisas; estamos apenas nos expressando através delas neste momento no tempo. Nós somos algo imensamente maior.

P: Muitas pessoas que gostariam de ficar curadas querem saber como lidar com coisas como "confiar em sua própria cura", "entregar os pontos e deixar acontecer" e "entrar em contato com o seu ponto de cura". Esses chavões são de alguma maneira úteis para a pessoa comum? As pessoas que querem curar o seu corpo precisam saber como colocar essas coisas em prática.

R: Não gosto de defender um conjunto de metodologias, instruções ou qualquer coisa desse tipo porque, se eu fizer isso, estarei apenas criando mais dogmas, e o que realmente importa é ficar livre disso. Sugiro, no entanto, que é preciso não encarar a doença ou os sintomas como "uma coisa a ser descartada", como um inimigo. Essa é uma reação baseada no medo. Para mim, o surgimento desses sintomas é o jeito de meu corpo tentar me curar. Eu sei que, se eu tentar eliminar a doença com uma atitude antagônica, acabarei fazendo o oposto, hostilizando-a e enterrando-me mais na mentalidade da doença.

Isso não significa, necessariamente, que você não deva procurar um médico. Estou apenas me referindo à maneira como eu encaro a doença ou as manifestações físicas do corpo. A ideia é não ficar obcecado a respeito da doença e fazer com que seus dias girem em torno de fazer coisas cujo único objetivo é se livrar da doença. Na realidade, é muito mais produtivo que você se distraia e permaneça ocupado com atividades que o estimulem de uma maneira positiva e criativa.

À medida que isso fosse possível, eu tentaria me livrar da necessidade de que a minha saúde tivesse que ser de uma determinada maneira para que eu encontrasse a felicidade, e eu simplesmente criaria alegria no momento, como se já estivesse saudável. Viver no presente significa não carregar nenhuma bagagem emocional de um segmento do tempo para o seguinte. Cada instante é único e não pode ser reproduzido. Nós é que escolhemos se vamos carregar os nossos temores conosco, permanecendo paralisados na doença.

Você não precisa ser um guru espiritual ou qualquer coisa desse tipo. Apenas aproveite ao máximo cada minuto, vivendo-o plenamente e fazendo coisas que o deixem feliz, quer você tenha um mês ou cem anos para viver.

P: As teorias são interessantes, mas que tal alguns conselhos práticos? Como você permanece saudável agora – o que você come e o que você evita em sua alimentação?

R: Bem, a minha alimentação *de fato* mudou depois da minha EQM, mas temo que não da maneira como você imagina! Eu costumava ser paranoica com relação ao que comia. Eu era uma vegetariana rígida. Só consumia alimentos orgânicos e fazia macrobiótica, tomava suplementos vitamínicos e suco de grama de trigo – e isso antes de ficar doente. Eu achava que tudo causava câncer, do micro-ondas aos conservantes. Eu comia de uma maneira muito saudável, mas fazia isso por medo.

Hoje, eu como o que quer que me atraia. Gosto de chocolate e tomo um bom vinho ou champanhe de tempos em tempos. Faço questão de passar bons momentos com a comida e com a vida! Acho que ser feliz é mais importante do que qualquer outra coisa.

Não é divertido comer os chamados alimentos certos por medo de ficar doente e se sentir infeliz por causa disso. A ansiedade causa todo um outro conjunto de problemas. Nosso corpo é, na verdade, muito mais resiliente do que acreditamos, particularmente quando somos felizes e não estamos estressados.

Mesmo quando escolho comer de uma maneira saudável, faço isso por amor em vez de por medo. Este é o meu método em todos os aspectos da minha vida, e eu os convido a viver da mesma maneira.

P: Se houvesse uma mensagem ou lição da sua EQM que você desejasse que todo mundo pudesse conhecer ou compreender, uma coisa que você desejasse gritar aos quatro ventos, qual seria ela?

R: Eu gostaria que você soubesse que *cada* parte sua é magnífica – o seu ego, intelecto, corpo e espírito. É quem você é – um belo produto da criação deste universo. Cada aspecto seu é perfeito. Não há nada para abandonar, nada para perdoar, nada para alcançar. Você já é tudo o que precisa ser. Pode parecer complicado, mas não é.

Se uma religião faz você se sentir inferior às divindades, então você a interpretou erroneamente ou ela não está sendo competente em lhe ensinar a verdade. Se um guru, professor ou mestre fizer com que você sinta que "ainda" não é iluminado e ainda tem mais para "aprender", "liberar" ou "abandonar" antes de atingir a iluminação, então ele não está sendo competente em lhe ensinar quem você realmente é, ou você o está entendendo mal.

Lembre a todos os que são próximos de você que sejam eles mesmos, e diga a eles que você os ama exatamente da maneira como eles são! Eles são perfeitos e você também é. Não existe nada que não deva ser amado. A maior parte do sofrimento é proveniente de nos sentirmos "inferiores". Você não é inferior a nada ou a ninguém! Você é completo.

A *única coisa* que você precisa aprender é que você já *é* o que está tentando alcançar. Apenas expresse a sua condição única *destemidamente*, com abandono! É por isso que você foi feito como é, e é por esse motivo que você está aqui no mundo físico.

Epílogo

Antes de terminar, gostaria de deixar com você algumas palavras finais. Lembre-se sempre de não entregar a ninguém o seu poder – em vez disso, entre em contato com a sua magnificência. Quando se trata de encontrar o caminho correto, existe uma resposta diferente para cada pessoa. A única solução universal que eu tenho é amar-se incondicionalmente e ser você mesmo, sem medo! Esta é a mais importante lição que aprendi com a minha EQM, e sinto sinceramente que, se sempre tivesse sabido disso, eu nunca teria contraído câncer.

Quando somos fiéis a nós mesmos, nós nos tornamos instrumentos da verdade para o planeta. Como estamos todos conectados, tocamos a vida de todos à nossa volta, o que, por sua vez, afeta ainda a vida de outras pessoas. Nossa única obrigação é ser o amor que nós somos e deixar que nossas respostas venham de dentro da maneira que for mais apropriada para nós.

Finalmente, não consigo enfatizar o suficiente como é importante que você se divirta e não leve a si mesmo ou à vida excessivamente a sério. Embora você saiba que eu abomino criar doutrinas, se um dia eu tiver que criar um conjunto de princípios para um caminho espiritual para a cura, o primeiro da lista seria certificar-se de rir com a maior frequência possível todos os dias – e de preferência rir de si mesmo. Isso seria muito superior a qualquer forma de oração, meditação, cânticos ou de uma mudança na alimentação. Os problemas do dia a dia nunca parecem tão grandes quando são examinados através de um véu de humor e amor.

Nesta era da tecnologia da informação, somos bombardeados por notícias aparentemente à velocidade da luz. Estamos vivendo em uma era de estresse e medo elevados, e, enquanto tentamos nos proteger de tudo o que achamos que está "lá fora", nos esquecemos de nos divertir e cuidar do que está do lado de dentro.

Nossa vida é a nossa oração. É nosso presente para este universo, e as lembranças que deixarmos para trás quando deixarmos este mundo serão nosso legado para nossos entes queridos. Nossa obrigação para com nós mesmos e com todos à nossa volta é ser felizes e propagar essa felicidade.

Se pudermos atravessar a vida armados com humor e a compreensão de que somos amor, já estaremos à frente do jogo. Adicione uma caixa de bons chocolates à mistura, e teremos realmente uma fórmula vencedora!

Desejo que você seja feliz enquanto realiza a sua magnificência e se expressa destemidamente no mundo.

— Namastê!

ANITA MOORJANI

Agradecimentos

Para mim, esta é possivelmente a parte mais importante do livro. É aqui que expresso a minha gratidão a todos aqueles que, de uma maneira ou de outra, foram essenciais para que este trabalho se realizasse. Alguns estiveram diretamente envolvidos com a manifestação dele, e outros estiveram envolvidos de uma maneira indireta, mas todos desempenharam um papel importante na minha jornada de lá para cá.

Ao Dr. Wayne Dyer – o que eu posso dizer? Sua generosidade de espírito continua a me deixar sem palavras – e isso não acontece com frequência! Eu sei que o universo conspirou para que nos conhecêssemos até mesmo antes de termos consciência disso, no momento perfeito. Você é uma parte tão intrínseca da minha jornada, e eu não teria realizado isto sem você. Sua bondade e seus conselhos ao longo do caminho significaram muito para mim, e não é de causar surpresa que o mundo seja inspirado por você. *Obrigada, obrigada, obrigada*, do fundo do meu coração, por ter aberto a porta para que eu compartilhasse a minha história com o mundo e por tornar a minha vida tão mágica. Porém, acima de tudo, *obrigada por você ser você*. Eu o amo carinhosamente!

Para meu melhor amigo e irmão de alma, Rio Cruz – o que quer que eu diga à guisa de gratidão parece banal e não chega nem aos pés de como me sinto com relação à nossa amizade. Durante esses anos, você foi uma influência essencial na minha vida, ajudando-me enquanto eu tentava me encaixar em um mundo que nem sempre estava pronto para ouvir o que eu tinha para compartilhar. O seu vasto conhecimento de EQMs me proporcionou um tremendo conforto, e o seu incansável apoio quando outros me desafiavam me manteve lúcida; e não posso agradecer a você o bastante por isso. Você é meu melhor amigo e acreditou desde o primeiro dia que a minha história precisava ser revelada para o mundo. Obrigada por, delicadamente, me empurrar ao longo da jornada deste livro, incentivando-me a, finalmente, torná-lo realidade. Eu o amo mucho, amigo!

A Mira Kelley – você é uma alma tão bela! Muito obrigada por fazer parte da sincronicidade e por chamar a atenção do Dr. Dyer para a minha história. Suas ações, efetivamente, tornaram realidade a teoria de deixar acontecer. Eu a amo!

A Jessica Kelley, minha editora – muito obrigada por me ajudar a dar vida a minha história nestas páginas. Sou extremamente grata por sua paciência e por você ser sempre arguta em conseguir entender o que eu estava tentando dizer. Foi maravilhoso trabalhar com você. Obrigada!

A Reid Tracy, Shannon Littrell e todos na Hay House – obrigada por seu apoio! Sinto-me emocionada por fazer parte da família Hay House.

Ao Dr. Jeffrey Long, dono da Near Death Experience Research Foundation – obrigada por reconhecer a importância da minha mensagem, por publicar minha experiência na *home page* do seu website, e por transmiti-la para o mundo.

Ao Dr. Peter Ko – sou muito grata por você ter se interessado pelo meu caso e vindo a Hong Kong para me conhecer e pesquisar os meus prontuários médicos. Obrigada por sua perseverança e por seu grande trabalho de detetive ao examinar aquela enorme pilha de fichas e prontuários médicos!

Ao Dr. Brian Walker, nosso médico de família e amigo – eu sei que o assustei! Obrigado por não desistir de mim e por nos apoiar nos dias difíceis.

À maravilhosa equipe de médicos e profissionais de saúde do Hong Kong Sanatorium, que me ajudou em meus momentos mais difíceis – obrigada por deixar que o universo fizesse o trabalho dele através de suas mãos.

À minha bela família na NDERF – vocês foram a minha comunidade, minha família e meus amigos nos últimos cinco anos. Obrigada a vocês, Dave Thaler, Lucas Tailor, Mark Sweeney, Alison Bruer, Bailey Struss, Cloe Solis, Dave Maswarey, Don O'Connor, Wayne Hart, Carla Dobel e

Lorraine. Eu não poderia ter sobrevivido a esta jornada sem todos vocês, já que me ofereceram uma comunidade na qual me senti bem-vinda e me proporcionaram tantas risadas ao longo do caminho. Eu realmente adoro todos vocês!

E, finalmente, à minha bela família – meu irmão, Anoop, um dos grandes tesouros da minha vida; a sua família, Mona e Shahn; e a minha querida mãe, cujo amor por mim sempre foi inabalável e incondicional. Eu a amo, querida Mãe, e sinto ter feito você sofrer tanto. E, por fim, mas não menos importante, ao meu querido marido – sou extremamente abençoada por ter você em minha vida e espero que você sempre saiba o quanto eu o amo. Valorizo imensamente o que temos, de todo o coração, e espero que possamos ficar juntos por toda a vida. Eu o amo, querido.

PRÓXIMOS LANÇAMENTOS

Para receber informações sobre os lançamentos da
Editora Pensamento, basta cadastrar-se no site:
www.editorapensamento.com.br

Para enviar seus comentários sobre este livro,
visite o site www.editorapensamento.com.br ou mande
um e-mail para atendimento@editorapensamento.com.br